7

Jul.

不白吃漫画

吃透中国史 明

我是不白吃 著绘

国际文化出版公司
·北京·

图书在版编目（CIP）数据

吃透中国史．明 / 我是不白吃著绘．-- 北京 ：国际文化出版公司，2023.6（2024.1 重印）

ISBN 978-7-5125-1537-6

Ⅰ．①吃… Ⅱ．①我… Ⅲ．①中国历史－明代－通俗读物 Ⅳ．① K209

中国国家版本馆 CIP 数据核字 (2023) 第 066254 号

吃透中国史·明

著　　绘	我是不白吃
责任编辑	吴赛赛
选题策划	魏　玲　潘　良　七　月
策划编辑	张　政　常帅虎
出版发行	国际文化出版公司
经　　销	国文润华文化传媒（北京）有限责任公司
印　　刷	雅迪云印（天津）科技有限公司
开　　本	800 毫米 ×980 毫米　　16 开 21 印张　　260 千字
版　　次	2023 年 6 月第 1 版 2024 年 1 月第 7 次印刷
书　　号	ISBN 978-7-5125-1537-6
定　　价	65.00 元

国际文化出版公司
北京市朝阳区东土城路乙 9 号　邮编：100013
总编室：（010）64270995　传真：（010）64270995
销售热线：（010）64271187
传真：（010）64271187-800
E-mail：icpc@95777.sina.net

序　言

延续近三百年的明朝（1368—1644），是中国历史上一个不可忽视的重要时段。从近源上看，它接收了元代（1271—1368）在疆域上建立的大一统模式与格局，加以一定程度的调整、更新，使得其能长期维系。从远源上看，它又继承了汉、唐王朝制度和思想上的大一统遗产，在一定程度上标志着大一统的新阶段。政治上，内阁制度的建立、科举制度的臻于完备、地方行政制度的巩固、赋税制度的改革等，都标志着传统的封建社会发展达到了顶峰。经济上，则是生产力进步，商品经济不断发展，以至于明代中后期江南等地开始出现资本主义的萌芽。文化上，无论是上层的士大夫文化，还是下层的市井文化，都较之前有相当的推进，呈现整体繁荣。明代在中国历史后半段的进程中发挥着承上启下的作用，为后来的清王朝打下了基础。

这个时代涌现出了无数值得后人回望的历史人物。首先，明朝的皇帝们就很有意思。和尚起家的开国皇帝朱元璋，从草根阶层开始，凭借一步步的奋斗，造就了明王朝大厦的地基，其经历绝对是值得称道的个人励志传奇故事。与之相比，身为皇帝的建文帝朱允炆，则一步步被其叔父朱棣拉下宝座，其踪迹最终成为千古之谜。一前一后，一上一下，二人形成鲜明对比。还有那位志大才疏，听信小人王振谗言贸然出征，却在土木堡意外沦为俘虏的明英宗朱祁镇。从皇帝到阶下囚，这是多么不堪的经历！然而正是这位朱祁镇，却在后来通过“夺门之变”，戏剧性地再度重回宝座，历史的不可思议在此得到淋漓尽致的展现。此外，还有那位二十多年不上朝的万历皇帝，以及穷尽一生想要挽狂澜于既倒，却独木难支最终自缢而亡的崇祯皇帝，他们都是这段历史中不断引发后人关注、品评、思索的代表。

当然，在这近三百年中，更引人关注的是政治、文学、思想、艺术等领域不断涌现的豪杰之士、才子学士。郑和七次下西洋，是当时世界史范围内前所未有的航海壮举，成为中国历史上和平对外交流的典范。戚继光及其创建的“戚家军”，与岳飞的“岳家军”一道，共同为后人津津乐道。儒学大师王阳明的“心学”，崇尚追寻本心、心外无物，“致良知”的学说将孔孟开创的儒家思想提升到继宋代“程朱理学”以后一个全新的高度，是这一时代最高的思想成就；以唐寅、文徵明、董其昌等为代表的明代文人阶层，在诗、文、书、画各方面取得了不俗的成就，极大丰富、拓展了中国文化的境界。至于市井文学，如小说等方面的成就，也为后人所熟知。徐霞客的壮游天下，则是中国地理学史上最伟大的一页。总而言之，这是一个辉煌的时代。

本册《吃透中国史 · 明》，延续本漫画系列一贯的风格，以简明清通、幽默流畅的笔调，将明朝二百七十六年十六帝的历史全景呈现。相信大家读后，对这一段历史的兴亡与悲欢，当有更生动的认识。希望大家都来读一读！

杨勇

中山大学历史系教授

璋 璋
炆 炆

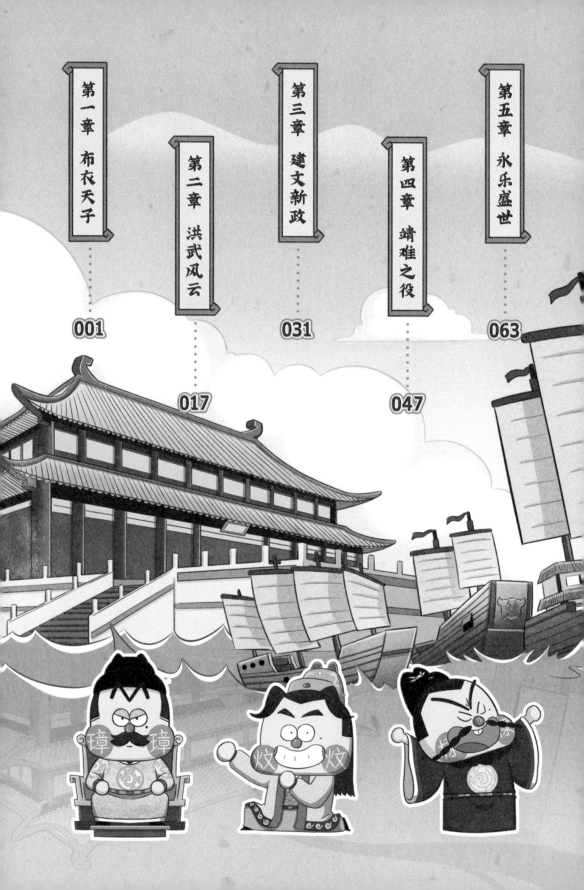

郑

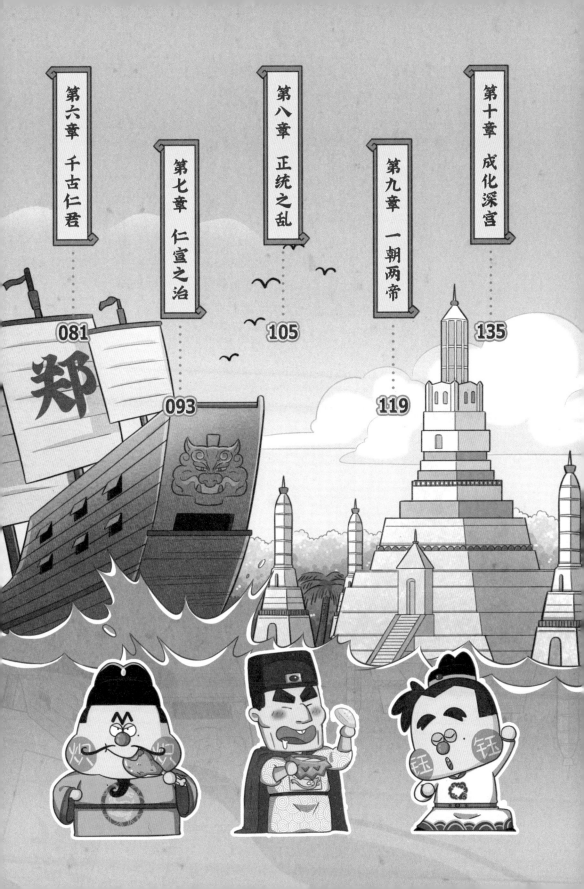

深 深
丹
照 照
垕 垕

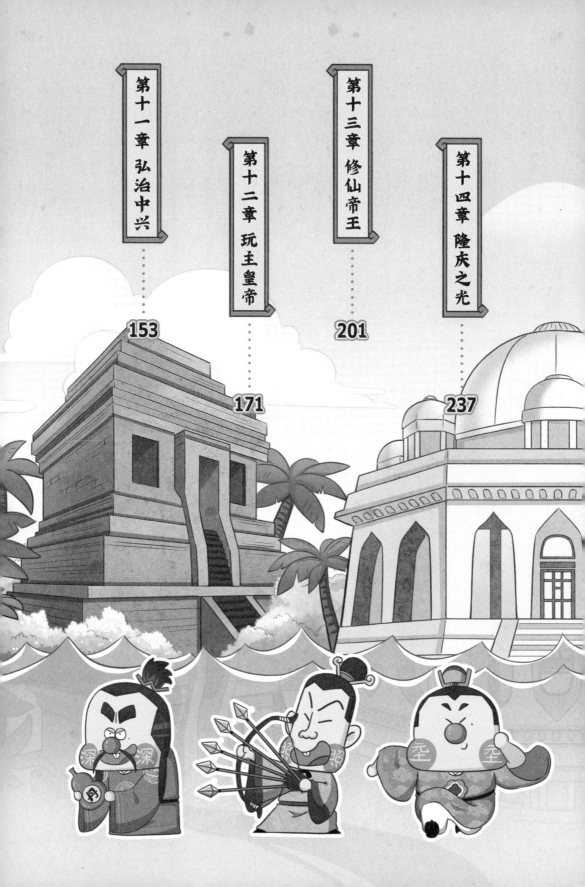

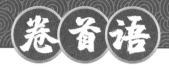

卷首语

明朝是为数不多由底层平民开创的大一统封建王朝，历经十六位皇帝，跨越二百七十六年历史。

在明朝的历史中，热血的、悲伤的、搞笑的，甚至是荒唐的故事层出不穷。

不白吃这就带你学习《明史》《明实录》《明史讲义》，和你一起去了解跌宕起伏的大明王朝和各具特点的十六位明朝皇帝。

第一章　布衣天子

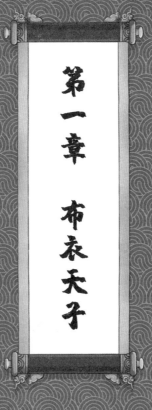

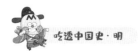

明朝的开创者是历史上著名的“布衣天子”朱元璋。

明太祖
朱元璋

朱元璋本名朱重八，生于公元 1328 年，他没资本、没背景、没学历，祖上至少三代贫农，是个纯正的“草根”。

祖孙三代
朱初一
朱五四
朱重八

因为贫穷，朱元璋自然没有读书的机会，在该上小学的年纪却要出门打工，给同乡刘财主家放牛，小小年纪就和全家过着食不果腹的日子。

重八哥，你有什么梦想吗？
我最大的梦想就是每天能吃饱饭，是不是太奢侈了？

元至正四年（1344 年），朱重八的家乡濠州连续爆发旱灾、蝗灾和瘟疫，他的父亲、母亲、大哥相继病饿而死。

父亲
母
长兄
别人都有背景，而我只有背影，嘤嘤嘤！

当时只有十七岁（虚岁）的朱重八孤苦无依，为了不被饿死，只好去皇觉寺出家混口饭吃。可因为饥荒，很快皇觉寺也没有吃食了，朱重八只能和其他和尚一样出去化缘。

这不就是要饭吗？！

在外漂泊三年，朱重八风餐露宿，还险些病饿而死，这段经历让他变得更加坚韧不拔，也增长了见识，开阔了眼界。

没有什么困难是一顿饱饭解决不了的，如果有，那就两顿！
硬
气

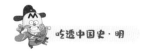

元朝末年，朝政混乱，加上连年天灾，百姓食不果腹，怨声载道，当时元朝的统治者是妥懽帖睦尔，他当皇上没几年就开始摆烂，纵情声色犬马。

皇上，我大元天下又闹灾啦！灾民再不管可就要造反啦！
要钱没有，要命不给，我们接着奏乐，接着舞。
妥懽帖睦尔

至正十一年（1351 年）五月，韩山童、刘福通在颍州揭竿而起，随后各地纷纷响应，民变四起，天下大乱。

揭竿而起
璋 璋

至正十二年（1352 年），朱重八二十四岁，受到好友汤和的邀请，来到濠州加入了以郭子兴为首的义军，也得到了郭子兴的赏识。

郭大帅，这是我好兄弟朱重八，皇觉寺毕业的高才生。
小伙子不错，还会写字，就留在我身边当个亲兵吧！
璋 璋
郭子兴

朱重八虽然从未系统地接受过军事教育，但是他天资聪慧，足智多谋，是一个军事天才，在战场上屡建奇功，战无不胜。

战功赫赫的朱重八很快就被义军统帅郭子兴视为心腹，很多大事郭子兴都听朱重八的意见，还把自己的养女马氏许给了他，马氏也就是后来的马皇后。

后来，朱重八还改名叫朱元璋。

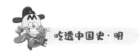

不久后，志向高远的朱元璋发现郭子兴是个器小无能的统帅，他决定离开这里，自立门户。

郭子兴这个人胸无大志，
兄弟们跟我走吧！
璋
璋

自己做老大的朱元璋的实力越来越强，一路高歌猛进，先后攻下滁州、和州，还有江南重镇集庆（今南京），随后一鼓作气攻下浙东各地。

漂泊多年，咱终于有一块属于自己的地盘了！
朱
朱
朱
璋
璋

为了巩固自己的地盘，朱元璋严明军纪，惩治兵痞，善待百姓，因此深得民心。

在我军中，欺压百姓者杀无赦！
璋
璋

在用人方面，朱元璋不问出身，广纳贤良，而且礼贤下士，知人善任，先后招募并且重用了徐达、常遇春、李善长、刘伯温等人才，他们后来都成了历史上响当当的人物，这足以证明朱元璋独到的用人眼光。

元末最强男子天团
徐达
刘伯温
李善长
常遇春
英雄不问出处，咱用人向来不拘一格！

虽然朱元璋此时已经有了很强的势力，但是四面八方关系错综复杂，北面是元军，西边是徐寿辉，东边是张士诚，南边是方国珍，无奈的是，这几个邻居实力都在朱元璋之上。

元
徐
朱
张
方
敌人太强大，我得低调，低调……

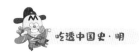

审时度势之后，朱元璋决定利用四周邻居忙着内斗的时候，先休养生息，继续采用谋士朱升提出的三步走策略：

第一步：高筑墙。朱元璋采用刘伯温的建议，暂时不去主动招惹强大的敌人，也不能让他们联合夹击自己，先采取防御政策，等时机成熟再各个击破。

我们要低调，
低调，再低调！
低调
低调
低调
低调
低调
低调
低调
低调
低调

第二步：广积粮。朱元璋不但动员百姓生产，还推行屯田法，就是军队在不打仗的时候从事农业生产活动，同时兴修水利，此举很快就充盈了自己的后方粮库。

各位，请叫我后勤主管李善长！

第三步：缓称王。虽然朱元璋已经有了很强的实力，却一直低调处事，他是军队实际的统帅，但一直甘愿奉韩山童的儿子“小明王”为主，自己屈居为臣子，为的就是隐藏实力。

俗话说枪打出头鸟，
要那些虚名没有用！
小明王

靠着这三步走的战略方针，朱元璋的部众很快变得兵强马壮，粮草充足，领地也进一步扩大，有了和几个强大邻居抗衡的实力。

眼光独到的朱元璋通过对四周邻居的冷静分析，决定先收拾西边那个把老板干掉自己做老大的陈友谅。

朱元璋先是通过反间计在江东桥大败陈友谅的大军，随后双方你来我往，直到三年后，陈友谅趁朱元璋出差不在家，带着六十万大军找朱元璋决战，朱元璋赶忙带着二十万大军回防。

哈哈哈，老朱，你就这点儿船啊！

至正二十三年（1363 年），朱元璋和陈友谅在鄱阳湖正式展开大战，从实力上来说，陈友谅要远远强于朱元璋。

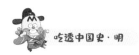

虽然陈友谅军队人数多，战船大，但是军事天才朱元璋很快就看出了陈友谅水军的弱点，他的木制大船竟然用铁链连接起来，毫无机动性，最终朱元璋用火攻偷袭的方式彻底消灭了陈友谅的庞大船队，陈友谅兵败身亡。

老朱竟然玩阴的！
陈友谅是不是傻？没看过《三国志》，还没听说过赤壁之战吗？哈哈哈！

至正二十五年（1365 年），朱元璋开始对付东边的邻居——江南巨富张士诚。贩私盐起家的张士诚占据着江南富庶的地区，生活富足安逸，只是割据一方却没有征服天下的野心。

张士诚
江南风景秀丽，我有钱有权，生活乐无边，我才不打仗呢！
你不打我，我打你啊！

生活安逸的张士诚自然不是朱元璋的对手，不到半年时间，张士诚就被打得只剩下一个老巢平江。

咱们也高筑墙，广积粮！死守平江东山再起！
现在才想起来模仿我？晚了！

至正二十七年（1367年），经过长达八个月的炮轰、围城进攻，朱元璋攻陷平江，张士诚宁死不降，最终自缢而死。

我宁死不屈！
好样的，去和陈友谅做个伴吧！

南方的邻居方国珍是一个“墙头草”“两面派”，最终在汤和的进攻下，没怎么抵抗就投降了。

我那叫审时度势，不是“墙头草”！
方国珍
没错，你是一个会审时度势的“墙头草”！

至此，朱元璋基本平定江南，有了和元朝统治者正面抗衡的实力。

打鱼的陈友谅、贩私盐的张士诚，还有“墙头草”方国珍都被淘汰了，下一个我该淘汰谁呢？
难不成是我？

至正二十七年十月（1367年11月），朱元璋命徐达和常遇春率军二十五万，北进中原。此时的元朝军队早就安逸惯了，当年横扫欧亚大陆的蒙古骑兵早已不复存在，几乎一触即溃。

我太爷爷和我讲过，我们当年横扫天下的时候，那可是……
别吹牛啦！赶快跑吧！

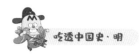

在徐达准备攻打元朝都城大都（今北京）的时候，元惠宗妥懽帖睦尔弃城而逃，明军轻易就拿下了元大都。

我才没逃！大都生活压力太大，我去草原旅游一圈，度个假就回来！
别回来了，大元公司已经帮你注销了！

至此，元朝作为一个全国性政权的时代正式宣告结束，朱元璋还给元惠宗改了个尊号，叫元顺帝。

元朝这皇帝妥懽帖睦尔懂得顺应天意，以后就叫他元顺帝吧！
璋
璋

公元 1368 年 1 月 23 日，朱元璋在应天（今南京）宣布即皇帝位，定年号为洪武，国号为明。从一个吃不饱饭的小和尚，到创建大明王朝成为皇帝，他仅用了二十余年，可以说是史上最强升职人。

明
霸
气
璋
璋

大明趣事小谈

怀饼救夫

据说，朱元璋跟着郭子兴混的时候，因为能力太过突出，遭到郭子兴儿子郭天叙、郭天爵的嫉妒，他们诬陷朱元璋并把朱元璋关起来，想活活饿死他，马氏知道此事以后，把厨房烙的饼子藏在怀里偷偷带给朱元璋，自己也被烫伤，朱元璋因此幸免于难。

重八，刚烙好的饼，快趁热吃！
你冒险给我送饭，还被烫伤，得妻若此，真是三生有幸！

朱元璋

第二章　洪武风云

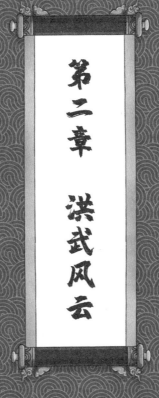

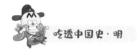

朱元璋当了皇帝以后，开始封赏追随自己的功臣和良将。

创业不易，你们在我穷困的时候辅佐我，爵位有的是，人人都有份！
出生入死这么多年，终于等到收获的一天！
朱元璋

虽然大明已经建国，但是元朝还有相当强大的势力，北伐还在进行中。高歌猛进的明朝军队士气高昂，加上徐达、常遇春等名将指挥得当，北伐十分顺利。

就知道你们不会让朕失望！

可元军也不是完全不堪一击，他们有一个十分优秀的将领王保保，先后在韩店和岭北击败明军，有一次还差点把大都都抢回去。

朱皇帝，我们的仗还没打完呢！
王保保
哎哟？这个王保保还真是个奇男子啊！

但是朱元璋手下将星云集，特别是神将徐达和常遇春简直就是王保保的克星。

吃饭、睡觉、打宝宝……
哦不，是打保保！
黄金搭档
徐达
常遇春
你们欺负我，
嘤嘤嘤。

在明军一众名将的混合打击下，元朝残余势力最终退到了黑水湖一带，至此大明境内所有的敌对势力也基本被肃清。

我们早晚会
回来的！
来一次，我
就打一次！

洪武年间，朱元璋先后发动了十三次北伐战争，大多取得了胜利，除此之外还攻下四川，平定大理，收复河西走廊。

四川
明
我的我的，
都是我的！
大理
明
河西走廊
明

他本人虽然没有随军出征，但是战争方略基本都是他制定的。

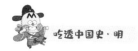

其中值得一提的是，洪武二十一年（1388 年），朱元璋派蓝玉率领王师十五万向北征讨北元势力，最终蓝玉在捕鱼儿海（今贝尔湖）将北元中枢势力一锅端，北元的小朝廷彻底瓦解。

蓝玉太猛了，我们要回老家放羊！嘤嘤嘤！
把羊留下，人也不许走！
蓝玉

自朱元璋开始带兵起，他训练的军队就作风优良，攻下城池后从不欺辱百姓，对待元朝投降的贵族和士兵也采取优待政策，还重用有才能的元朝旧臣。

成王败寇……你们居然不欺辱我们？
这就是我大明的格局和气度！

大明建国之初，因为连年战乱，百姓贫困不堪，好多地方荒无人烟，土地无人耕种。

土地肥沃无人耕种，太浪费啦！
百废待兴

为了解决国家的粮食问题，朱元璋推行了移民屯田制度，就是让没有土地的百姓搬迁到外地开荒种田，土地归开荒者所有。

只要是搬家开荒的百姓，所开垦的土地都归你们！再给你们免三年的税！

在没有仗打的时候，明朝的军队也要自己开荒种地，军粮基本可以自给自足。

我们是又会打仗又会种田的斜杠青年①！

①斜杠青年：指一群不再满足“专一职业”的生活方式，而选择拥有多重职业和身份的多元生活的人群，出自《纽约时报》专栏作家麦瑞克·阿尔伯撰写的书籍《双重职业》。——编者注

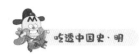

移民屯田制将元朝的大地主重新洗牌，土地重新分配，在提高粮食产量的同时，还让好多流离失所的百姓重获新生，同时军屯制也让军粮自给自足，大大减轻了百姓供养军队的负担。

朕也是过过苦日子的，一定要让百姓过得更好！
+1
+1
+1
+1
+1
璋
璋

朱元璋吸取元朝灭亡的教训，颁布《大明律诰》规范国家法度，推行十分严苛的刑罚。

大明
没有规矩，不成方圆，谁出问题朕收拾谁！
律诰
璋
璋

洪武十五年（1382 年），朱元璋设立锦衣卫，锦衣卫作为皇帝保镖的同时，还负责监督违法乱纪的官员和百姓。

锦衣卫

锦衣卫是朱元璋设的顶级特务机构，其中的每一个成员都经过精挑细选，他们能力超群，受皇帝直接管辖。

你们就是朕的眼睛，查到违法乱纪的行为，不管是谁全都给朕抓来！
皇上放心！小菜一碟！
璋
璋

面对严苛律法和无孔不入的锦衣卫，洪武时期的朝廷官员人心惶惶。

天不怕，地不怕，就怕锦衣卫上门找谈话！
防火防盗防锦衣卫啊！
不做亏心事，不怕鬼敲门，朕看你们是心虚啊！
璋
璋

即便如此，洪武年间还是发生了不少官员枉法的案件。对于这种行为，朱元璋只有一个解决方式：杀，而且杀得干干净净。

朕的规矩就是铁律，不遵守者杀无赦！
残
酷

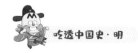

比较有代表性的就是后世所说的“洪武四大案”。

空印案：空印，就是在文书上预先盖上审核通过的印章，需要用时再填写上审核内容，简单来说就是试题还没开始印，有人就在上面批了一百分。朱元璋知道这件事以后暴怒，把全国涉案的所有官员都惩戒了，杀的杀，流放的流放。

空
100
工作上敢走歪门邪道者，朕绝不姑息！

郭桓案：以户部侍郎郭桓为首的朝廷官员，联合地方的官吏贪污军粮，换取钱财，涉案金额巨大，人员众多，而且基本都是官员，朱元璋二话不说，全都杀了，算上被牵连的不下两万人。

郭桓
官员都被杀了，谁干活啊！
官员没了可以再任命，贪污这个口子绝对不能开！

胡惟庸案：洪武十三年（1380 年），当时的明朝宰相胡惟庸以谋反罪被诛杀，根据他的多项罪名，前后有三万余人被牵连处死，其中还包括很早和朱元璋打天下的“开国六公爵”中唯一的文官，韩国公李善长。

我追随你多年，你竟然……
李善长
宰相这个职位也不要设了，朕的天下，朕一人说了算！

蓝玉案：洪武二十六年（1393 年），锦衣卫告发蓝玉造反，朱元璋想都没想直接干掉了蓝玉，捎带还杀了一万五千多名所谓的蓝玉同党，其中绝大多数都是武将。

蓝玉，我忍你好久了！

对于朱元璋如此铁腕的手段，仁厚的太子朱标多次劝阻。

父皇，官员违法，惩治主犯就好，为什么牵连这么多人？放过他们吧！
朱标
你这孩子哪儿都好，就是性格太温和，将来你要做皇帝，可不能这么仁慈！

多年征战生涯也让朱元璋深知军事力量对一个国家的重要性，所以他早早就把国家的军权攥在了自家人的手中。

奋斗多年的经验告诉我，谁都没有自己的家人可靠！

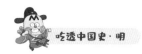

从洪武初年开始，朱元璋先后把自己的二十四个儿子都封了王，还给他们封地和护卫，他们被称作藩王。封地在边境的藩王还有一个职责，就是守卫边疆。

肥水不流外人田，兵权分给自己的儿子我很放心，总比交给外人的好！

在所有儿子中，马皇后的儿子——长子朱标德才兼备，深得朱元璋的喜爱，早早就被当作继承人培养，建国后就被立为太子。

标儿啊，大明江山早晚是你的！
父皇放心，我一定不会让您失望的！

朱标是个仁厚的太子，总是照顾自己的弟弟们，其他皇子也十分拥戴朱标。皇子真心拥戴太子，这种情况在历史上并不多见。

大哥，我们永远支持你！
朱棣

但，人算不如天算，洪武二十五年（1392 年），太子朱标却病逝了。

白发人送黑发人，我的标儿啊！嘤嘤嘤！

痛失爱子的朱元璋极其悲痛，竟然把继承人的位子直接交给太子朱标的二儿子，时年只有十五岁的朱允炆。

允炆啊，大明江山迟早交给你！
皇爷爷放心，我一定不会让您失望的！
朱允炆

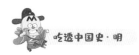

立下皇太孙以后不久，洪武二十七年（1394 年），开国名将傅友德、冯胜、王弼先后被朱元璋赐死。

皇孙年幼，这些武将都是威胁啊！

到了洪武末年，朱元璋身边的开国功臣所剩无几了，尤其是打仗厉害的武将，基本被杀光了。

皇爷爷，武将都没了，谁来保我们的大明江山啊？
孙儿放心，以后有人欺负你，就让你的叔叔们帮你！他们都很厉害哦！

死亡凝视
可是如果叔叔们要谋反可怎么办啊！

大明趣事小谈

赐烧鹅

根据明代野史《翦胜野闻》记载，朱元璋的开国功臣徐达晚年时患上背疾，医生叮嘱他绝对不能吃烧鹅，朱元璋得知这件事以后，偏偏就以看病的名义赐给徐达烧鹅。

看到烧鹅的徐达也明白了朱元璋要杀他的用意，随即吃下烧鹅含泪死去。

徐达生病了？快把烧鹅吃了补补身子吧！
你这是明摆着过河拆桥！嘤嘤嘤！

朱允炆
炆
炆

第三章　建文新政

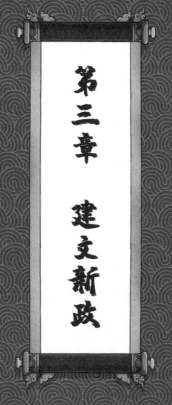

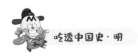

朱允炆，明朝的第二位皇帝，洪武十年（1377年）出生，是太子朱标的二儿子。他自幼聪明好学，极为孝顺懂事，是所有人眼中的乖孩子。

学而不思则罔，思而不学则殆！
好孙儿，真有文化！爷爷像你这么大的时候，还一个大字都不识呢！
朱允炆
朱元璋

在朱允炆十四岁的时候，父亲朱标病重，朱允炆亲自在一旁精心照顾，夜以继日，从不懈怠。

允炆，你照顾我一整夜了，快去休息吧！
这是儿子应该做的！

可惜朱允炆的孝心终究没能留住父亲，朱标病情不断恶化，在第二年病逝，朱允炆也因为伤心过度而变得十分消瘦憔悴。

皇爷爷，我没爹啦！嘤嘤嘤！
允炆真是个大孝子，看你这般模样，皇爷爷心疼啊！

洪武二十五年（1392 年），年仅十五岁的朱允炆被册封为皇太孙，成为大明江山未来的继承人。

大明江山
这个重担早晚要交给你！
看起来压力好大啊！

朱允炆做了皇太孙以后，朱元璋一直把他带在身边，教他怎么处理政务，怎么坐稳江山。

做皇帝一定要够狠！不听话的大臣该杀就杀……
打打杀杀好可怕！

朱允炆自幼受儒家教育，同时也继承了父亲温和善良的品质，他参考典籍和历代刑法，修改了《大明律》中七十三条严苛的律法，得到了百姓的称颂，一时之间“吸粉”无数。

不会杀人立威，只会仁政立德，先把人气建立起来，粉丝基础很重要！
粉丝信

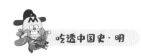

洪武三十一年（1398 年），大明开国皇帝朱元璋驾崩，二十一岁的朱允炆即位，年号建文。

在朱元璋几十年如一日的不懈努力下，此时国家统一，社会安定，经济也得到很好的发展，朱元璋早早就把帝国未来的路给朱允炆铺好了。

爷爷真是用心良苦，但是我不想捡现成的，我想建立一些自己的政策！
炆
炆

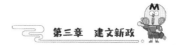

即位之初，朱允炆大赦天下，推行一系列仁政，优化了洪武年间朝廷政策上的很多弊端。

长江后浪推前浪，我以后要以文治国！建文这个年号可不是白叫的！

经济上，减免赋税。朱元璋时期，江浙富庶地区的赋税是其他地区的数倍，这些地方的百姓虽然相对富裕，但也不堪重负，这严重影响了他们工作的积极性。

别的地方交税一份，我们这边就要交税十份！不公平啊，嘤嘤嘤！

朱允炆即位之初就一改之前的政策，给江南富庶地区减轻赋税。

新皇帝不仇富，居然会给我们减税！真是个仁君啊！我要重新燃起挣钱的激情！
爷爷是爷爷，我就是我，不一样的烟火！

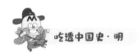

在朝廷官制上，朱允炆裁撤了很多不必要的官职，如此一来既简化了朝廷的办公流程，也减少了官员工资上的支出。

在朱元璋打下的坚实基础之上，朱允炆又做出一系列正确举动，让大明王朝的国力蒸蒸日上，百姓幸福感飙升。

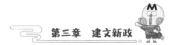

看着不断增长的GDP，朱允炆却一直高兴不起来，因为他一直有一块心病，从他受封皇太孙起，这块心病就一直无法去除。

朕怕那些拥兵自重的叔叔过来抢朕的皇位啊！
炆
炆

朱允炆的心病就是朱元璋很早就设立的藩王制度。藩王制度就是皇帝把自己的儿子们都分封到全国各地，其中被封到边塞的皇子也叫塞王，他们有守护边塞的职责，所以手下的卫队人数很多，这样的塞王有九个。

大侄子乖，把你的皇位交出来！
啊！护驾！
皇上，你又做噩梦了吧？！

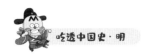

朱允炆在当皇帝之前，就很担心他那些叔叔未来会抢他的皇位，虽然朱元璋已经把会威胁朱允炆皇位的武将都清理干净了，但是却留下了很多拥兵自重的藩王。

朱元璋还是很相信自己的儿子们的，所以他在去世之前，提前清理了很多能打仗的武将，只给朱允炆挑选了几个治世文臣。

朱允炆在刚刚即位后不久，就和自己的近臣黄子澄、齐泰一拍即合，开始实施他一直想做却不敢做的事情：削藩，就是把自己那些藩王叔叔手中的权力削弱。

皇上想改善睡眠质量？那就削藩吧！
皇上想坐稳皇位？那就削藩吧！
两位爱卿真是深知我心！说干就干！
炆
炆

当时的藩王中，燕王朱棣的实力是最强的，他是朱允炆的四叔。

先把最强的燕王搞定，其他的就好收拾了！
还是先动他的亲弟弟周王，这样可以避免他们亲兄弟配合！
黄爱卿这招釜底抽薪厉害！那就先动五叔周王！
炆
炆

朱允炆想削藩有多着急？刚讨论完没多久，封在河南开封的周王就因谋反罪被流放，此时是洪武三十一年（1398 年），朱允炆才刚即位几个月。

周王！你儿子告发你谋反，皇上下旨废了你，贬为庶人，流放云南！
什么？这儿子可真坑爹啊！嘤嘤嘤！
周王

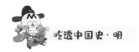

第一次削藩十分顺利，朱允炆尝到了甜头。

周王被削，我睡了一个好觉，削藩的快乐，你们不会懂的！
炆
炆

随后，朱允炆马不停蹄，先后削掉了湘王朱柏、代王朱桂、齐王朱榑、岷王朱楩。

岷王
代王
湘王
皇上你削这么多土豆啊？
削削更健康，我削，我削，我削削削！
炆
炆

这些被朱允炆削掉的藩王中，湘王朱柏为了自己身为皇室子孙的尊严，不甘受辱，直接带着家眷自焚而死。

湘王
我是洪武大帝的儿子，宁死不受辱！
十二叔，你怎么把人设看得比命还重要啊！你这是畏罪自杀，可不是朕逼你的哦！
炆

对待亲叔叔们残酷冷血的手段，和朱允炆以往的作风大相径庭，他说好的为政宽仁、以文治国、从轻处理罪人等政策，通过这件事显得十分苍白。

我的人设可没崩！削藩是我的家事，仁政是国事，这……这并不矛盾！
以文治国
炆

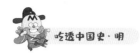

虽然削掉了自己的几个叔叔，但是朱允炆最忌惮的还是远在北平的四叔朱棣，早在湘王自焚的前一年年底，朱允炆就下旨把北平的一些高官换成了自己的亲信，目的就是监视朱棣。

喂，朱老四今天都干什么了？有什么异常举动？
回皇上，燕王好像病了，不知道是不是装的。
肯定是装的，再探再报！

随着削藩的进行，不久后，收拾燕王的计划也正式提上日程，此时朱允炆对朱棣的“思念”简直可以用朝思暮想来形容。

四叔，我想你想得睡不着觉！怎样才能把你削了呢？
朱棣
阿嚏！大半夜的谁惦记我呢？

侄子要削藩，叔叔要造反，几乎成为当时尽人皆知的热门话题。

你们说传言是真的吗？燕王真的会反？
被削藩的王爷都没有好下场，你要是燕王你怎么选……

朱棣和朱允炆的叔侄之争蓄势待发。

建文元年（1399 年）五月，太祖朱元璋的忌辰到了，按照规矩各地的藩王一定要来祭拜。

就看朱老四敢不敢来了！
敢来我就直接拿下他！

但是事与愿违，北平传来了消息，燕王朱棣病危无法下床，只能派三个儿子过来代他祭拜朱元璋。

还有这种操作？好阴险的朱老四！居然派儿子过来！完全打乱了我完美的计划！

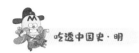

虽然燕王没来，但是他的三个亲儿子来了，这对想要收拾燕王的朱允炆来说是一个绝好的机会。

皇上，应该把燕王的儿子们扣下来当人质！
炆
炆
不可，我看还是把他的儿子们放回去，麻痹朱棣，然后我们再趁机偷袭……

朱允炆居然采纳了黄子澄的建议，将朱棣的三个儿子放回了北平，见到他们没有成为人质平安归来，朱棣惊喜万分。

这下我就没有后顾之忧了！现在我只想说四个字：奉（我）天（要）靖（造）难（反）！
棣
棣
奉天靖难

大明趣事小谈

马苑对诗

据清代小说杂记《坚瓠集》记载，朱元璋有一次去马场骑马，让皇太孙朱允炆和燕王朱棣等人陪同，刚好一阵风过来，朱元璋一时兴起说了句“风吹马尾千条线”，然后让身边的儿孙给出下一句。

结果朱允炆的对联是“雨打羊毛一片膻”，而朱棣的对联则是“日照龙鳞万点金”。

朱允炆的对联虽然工整对仗，但是却显得十分酸寒落魄，而朱棣的对联不但美轮美奂，而且有帝王的霸气。

二人给出的对联似乎也预示了他们截然不同的人生结局。

皇太孙的对联也太寒碜了点，关于继承人的事我要不要改变主意？
雨打羊毛一片膻
风吹马尾千条线
日照龙鳞万点金

朱棣

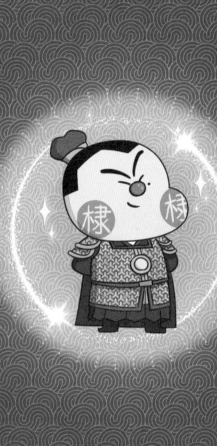

第四章　靖难之役

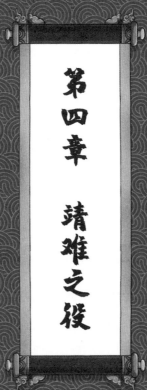

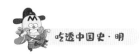

朱棣是朱元璋第四个儿子，生于元至正二十年（1360 年），他出生的时候父亲朱元璋正忙着对付陈友谅。

大人，您又有儿子啦！给他取个名字吧！

我现在忙着打仗，没空，以后这点芝麻大的小事不要烦我！
朱元璋

至正二十七年（1367 年），当朱元璋平定江南，事业稳定以后，终于给自己的儿子们正式起了名字。他在战火中出生的第四个儿子已经年满七岁，终于有了自己的名字——朱棣。

大家好，我叫朱什么来的？不好意思，老爹刚给我取的名字，还有点陌生……
朱棣

朱元璋十分注重对孩子的全方位教育，几个儿子除了要读圣贤书以外，还要进行军事训练，时年七岁的朱棣受到了良好的军事启蒙。

德智体美要全面发展，更要学会吃苦耐劳！
我喜欢体育课，不喜欢文化课……

当上皇帝后的洪武三年（1370 年），朱元璋给儿子们封王，时年十岁的朱棣被封为燕王。

以后我就是燕王了，谁再叫我朱老四，我跟谁急！
燕
王
棣
棣

六年后，朱棣已经成长为一个远近闻名的皇家“高富帅”，能文能武，才华横溢。

十六岁的朱棣虽然很帅，却早早被父母包办了婚姻，迎娶了大将军徐达的女儿徐氏。幸运的是，这个徐氏饱览诗书，是一个有着“女诸生”美誉的才女。

都说女子无才便是德，我女诸生可不这么认为！
徐氏
这女孩与众不同啊！
棣
棣

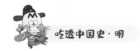

婚后不久，朱棣和二哥、三哥被朱元璋派到老家凤阳练兵学习，体验生活，这也让朱棣了解了百姓的真实生活和民间疾苦。

到凤阳这个城市度蜜月，和我一起的却不是老婆，而是两个老爷们儿……
怎么感觉我们被四弟嫌弃了呢？
棣
棣

洪武十三年（1380 年），燕王朱棣离开生活二十年的南京，来到千里之外的北平就藩。

户口迁到北平，以后这里就是我的家了！我的家够冷的啊！
棣
棣

洪武十五年（1382 年），笃信佛教的朱元璋给儿子们找了一些高僧辅佐，朱棣和一位法号道衍的和尚相谈甚欢，一见如故，将其带回了北平，这个和尚后来成了朱棣的头号军师。

老和尚，你有什么特长？
佛学、道学、阴阳八卦学，而且还会看相，我觉得所有皇子中还是燕王您长得最帅！
道衍和尚
我喜欢你的坦率，以后就跟着我混吧！

洪武三十一年（1398 年），朱元璋驾崩，皇太孙朱允炆即位后就开始马不停蹄地削藩。

燕王打仗太猛，而且人气很高，我还是先剪除他的羽翼，最后再收拾他！
朱允炆

随着几个藩王被削藩，朱棣的处境越发危险。

糟
糕
估计很快就要轮到我了，再不采取措施，我可能就要去云南陪周王种地了……

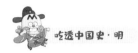

在头号谋士道衍和尚的帮助下，朱棣开始了造反的筹备工作。他秘密招纳能人异士，偷偷练兵，于深宅中打造兵器，为了掩盖兵器的敲击声，还特意养了一些家禽。

不知燕王殿下养这么多鹅干什么，好吵啊！
燕王不是病了嘛！每天吃点烧鹅补补身子！

我现在也算是“地下工作者”了。

建文元年（1399 年），朱允炆率先动手，他令手下张昺、谢贵带重兵包围了燕王府。

燕王，请您把蛊惑您造反的逆臣交出来！
逆臣我已绑好，你们进来办一下交接手续！王府重地，其他人不得入内！
张昺

随后朱棣悄悄杀掉走进王府的张昺和谢贵，又派大将张玉、朱能带兵控制了北平城。同年七月（1399 年 8 月），朱棣正式起兵造反，靖难之役拉开序幕。

什么造反？不要瞎说！我是听说心爱的大侄子被权臣黄子澄和齐泰欺负，这才出兵帮他的！
祖训

朱棣在北平一带人气超高，他举兵的消息传来，好多武将过来投奔，朱棣顺利地拿下周边几座城池。

大明北平一条街，打听打听谁是爹！
居庸关
怀来
遵化
永平

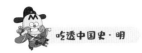

远在南京的朱允炆见势不妙，赶紧派老将耿炳文带着十三万大军（号称三十万）北上讨伐燕王，耿炳文是朱元璋的老部下，此时已经六十五岁了。

土都埋到眉毛了，还要出去打架，嘤嘤嘤！
耿炳文
爷爷把能打仗的全杀了，就剩你一个，我有啥办法，我也很绝望啊！

老将耿炳文带着十三万大军出征了，此时朱棣的军队不过小几万人，兵力相差十分悬殊。

战争中，人数多少并不是决定胜负的关键！关键在于谁是统帅！

虽然耿炳文是一个优秀的将领，但是朱棣更胜一筹，他在中秋之夜偷袭了耿炳文的先锋部队，杀了九千人。

中秋佳节，趁他们休小长假，我们加个班，搞偷袭！

就在朱棣和耿炳文交战的关键时刻，一名朝廷军的将领——张保叛变，投降了朱棣，朱棣派他回去给自己做内应。

燕王殿下，我是“外貌协会”的，您长得帅，我想跟您混！
你很有眼光嘛，本王就收下你了，不过你得先回去帮本王忽悠一下老耿。
棣
棣

张保回到耿炳文那里，说朱棣的军队打过来了，不知道张保已经叛变了的耿炳文马上带兵出城迎击朱棣。可没等他摆好作战队形，早有准备的朱棣就带着骑兵发动了偷袭，朝廷军队大乱，争抢着往城里撤退，进城的时候还发生踩踏事故，被狠狠收拾了一顿的耿炳文再也不敢出城了。

你竟然学你老爹玩阴的，欺骗我老人家的感情，嘤嘤嘤！
谁让你一把年纪了还这么天真，活该！
棣

得知耿炳文失败的消息，朱允炆采纳黄子澄等“智囊团”的建议，用年轻将领李景隆替换耿炳文，他是名将李文忠的儿子，这一次，他合兵五十万大军。

个人档案
姓名:李景隆
别: 男
关系:
李文忠之子
李景隆在我眼里无限接近废物，不足为虑！
棣
棣

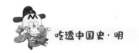

虽然李景隆是个无能的富二代，但是毕竟手下还有五十万兵马，朱棣决定找个帮手过来，出发之前吩咐长子朱高炽和道衍看家。

儿啊，我出趟差去拉个合伙人，你一定要守住家门！
放心！

朱棣来到大宁一顿忽悠，拉宁王入伙，一起入伙的还有宁王麾下的朵颜三卫，他们是明朝雇用的蒙古骑兵，战力极强。

朵颜三卫
十七弟，跟四哥混吧，事成之后平分天下！
你个大忽悠，我人都在你手上了，不同意也不行啦！
朱权

与此同时，李景隆趁朱棣不在，带着五十万大军猛攻北平，朱棣长子——小胖子朱高炽虽然身体不好，却很有勇气和毅力，拼了半条命硬是守住了北平。

胖怎么了？吃你家大米了？告诉你们，胖子也是很有实力的！
北平守护神
朱高炽

朱棣回来以后，在郑村坝击溃朝廷大军，主帅李景隆居然丢下大批士兵逃走。

所谓千军易得，一将难求，作为主帅，丢下士兵逃跑合情合理！

第二年四月，李景隆在白沟河和朱棣再次开战。这一次是一场恶仗，朱棣在战阵中往来纵横，先后换了三匹战马，剑都砍折了。

要是输了，我可就什么都没了，不拼命能行吗？！
棣
棣

在朱棣陷入绝境的时候，战场突然刮起大风，吹断了朝廷军帅旗，迷信的朝廷军兵惊慌失措，朱棣趁风放火，绝境逢生，击败了朝廷大军，主帅李景隆又跑了。

所谓千军易得，一将难求……
棣
棣
好好好，你跑就行了，别废话了！

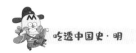

势如破竹的朱棣在进攻济南时遭到顽强抵抗，守城官员铁铉更是用诈降的方法欺骗朱棣。不久后，武将盛庸又利用弓箭、火铳（明代火枪）在东昌重创朱棣的骑兵，朱棣的心腹大将张玉战死。

燕王克星
铁铉
盛庸
我这身经百战的王爷居然会败在两个小人物手上，嘤嘤嘤！

建文三年（1401 年），朱棣再次和盛庸在夹河交战，在交战过程中，战场突然又刮起东北风，朱棣借助风势进攻，盛庸大败。

击败我的不是朱棣，而是天气！
哈哈哈！这种情况又不是第一次了！

随后朱棣进攻真定，诱使守将平安和吴杰出城，双方交战过程中……

没错！又起风了！朝廷军丢盔弃甲，我真是人品爆发，又赢了！

我怀疑你是作弊，嘤嘤嘤！

虽然朱棣在靖难的过程中胜多败少，但造反的名头让自己压力很大，拼命抢下的城池又被朝廷夺回去，来来回回多次征战，地盘却几乎没有扩大。

出生入死三年多，白折腾了，毁灭吧，累了！
不白折腾！投奔我们的大臣们说南京守备空虚，只要长驱直入拿下南京，天下就是你的了！

得知南京空虚的情报，朱棣决定掏空家底再赌一把，这一次的目标只有南京。

拼了！要么当死囚，要么当皇帝！

朱棣直接绕过济南等城防坚固的城池，一路南下，兵锋直指朱允炆的老巢南京。

朱老四，来啊，打我们啊！
铁铉
盛庸
不打，打你们不如打南京刺激！

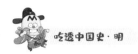

接下来的几个月，朱棣率领的北军势如破竹，先后击败追过来的盛庸、平安、何福等朝廷军大将，一直打到南京的大门口，朱允炆派宗亲过来求和，却被朱棣拒绝。

现在想起咱们是宗亲了？大侄子，你四叔今非昔比了！

攻打都城南京的过程十分顺利，因为有人给朱棣大开城门。开门的“内应”中，就有之前被朱棣打得屁滚尿流的“逃跑战神”李景隆。

燕王殿下，之前都是误会，快请进城。嘿嘿嘿！
你小子不光跑得快，还挺懂事！

建文四年（1402 年）年中，历时四年的靖难之役最终以燕王的获胜画上句号，他从此有了新的称号：永乐大帝。

欸？我的侄儿朱允炆哪儿去了？
永乐大帝

大明趣事小谈

父亲的内涵

在靖难后期，朱棣准备渡江攻打南京，却遭到了盛庸水军顽强的抵抗，就在朱棣快被击溃的时候，二儿子朱高煦及时带兵过来增援，帮助朱棣击败盛庸。朱棣对雪中送炭的朱高煦十分满意，还给了他一个意味深长的夸赞。

好儿子！你大哥身体不好，你要努力加油啊！
啊！父王是在默许我取代大哥当继承人吗？
棣
朱高煦

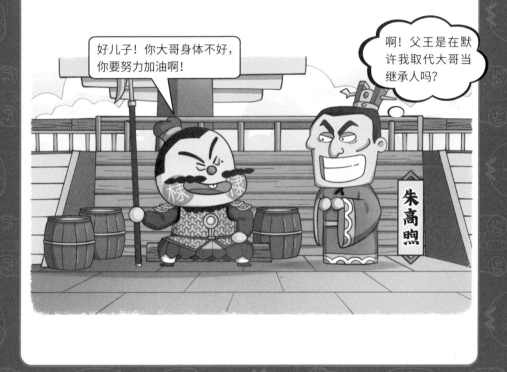

朱棣

第五章 永乐盛世

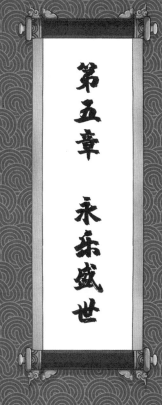

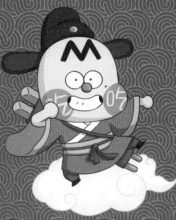

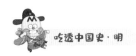

建文四年六月（1402 年 7 月），朱棣以胜利者的姿态进入南京，听到的第一个爆炸性消息就是：建文帝朱允炆失踪了！

大侄子虽然输了，但是人气还是很高啊！一定要干掉……哦不，找到他！
还是先稳定当下的局面重要！
朱棣

于是朱棣一边宣称建文帝已经自焚而死，另一边派人暗中寻找建文帝的下落。

找不到这小子，鸭腿都不香了！
就是挖地三尺也要把他给我找出来！

历时四年的靖难之役，朱棣获得了最后的胜利，成了大明王朝第三位皇帝，年号永乐。

什么？第三位？第二位是谁？建文帝？有这么个人吗？
永乐

为了让自己的皇位名正言顺，朱棣居然要抹掉建文这个年号，篡改已经写好的史书，并找那些忠于建文帝的旧臣算账。

哪儿来的什么建文四年，现在明明是洪武三十五年！朕的皇位是从我老爹那儿继承来的！

而那些愿意改换阵营追随自己的建文旧臣，他也不计前嫌继续任用。

知道你们以前总在建文的评论区骂我，如果你们愿意弃暗投明，跟着我的都可以涨工资！
以前是我们瞎了眼啊！没想到您的肚量这么大！燕王万岁……不！皇上万岁！

朱棣又将朱允炆的创新政策全部废除，恢复成了朱元璋时期的政策。

不能算是全都废除吧，其实……我也想削藩！嘿嘿嘿！

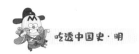

朱棣自己就是藩王造反，他太知道藩王实力过大对朝廷的威胁了，于是他也开始削藩，先给藩王赏赐，随后将手下兵多的藩王们迁回内地，收了他们的兵权。

四哥，当年你让我陪你靖难的时候，说好的平分天下呢？
朱权
合同
兄弟之间，你的就是我的，我的还是我的，南昌封给你了，偷着乐去吧！

尽管在洪武、建文两朝，大明国力日渐强盛，但长达四年的靖难之役也让很多百姓流离失所，朱棣首先免掉了受靖难之役影响的地区的赋税，随后大力帮助流民恢复生产。

都怪我不听话的大侄子连累了你们，现在天下太平了，有什么需要尽管提！
哇！帅！

朱棣用人不看出身，特别是他加强了对宦官的任用，在洪武、建文时期，宦官地位极其低下，但是朱棣却允许宦官读书，甚至还让太监当官！

宦官怎么了？他们也是人啊！也需要温暖啊！

永乐初年，朱棣恢复了被朱元璋撤销的锦衣卫制度，又在永乐十八年（1420 年）设立东厂，职能和锦衣卫相似，都是监察百官和百姓，只不过东厂的头头们都是宦官，据说他们的手段比锦衣卫还狠。

锦衣卫算什么呀，咱家都不屑于跟他们比！
锦衣卫就很可怕了，又来了个东厂，这日子没法过了，嘤嘤嘤！

朱棣还设立了内阁，就是找一些有才能的人帮助自己处理国事，分担工作压力。

大事开会讨论，小事精简概括，你们先出建议，我来拍板决策！
内阁制度

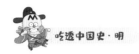

虽然有内阁协助，但是朱棣也从不懈怠，在处理政务的态度和效率上，他完全不输给工作狂老爹朱元璋。

皇位来之不易，朕要好好珍惜！

在工作狂朱棣的努力下，大明王朝很快就从战争的阴霾中恢复过来，国力日渐强盛。

干大事
国力强盛都是基础操作，朕还有几件大事要做呢！

在永乐元年（1403 年），朱棣让当时天下最有学问的大学士解缙主持修撰《永乐大典》。

我要把从古至今所有的书籍和文献全部汇总成一部书，内容要最详细丰富，钱不是问题！
修书可是个浩大的工程啊，皇上真阔气！
解缙

永乐五年（1407 年），在解缙和数千名学者大儒的努力下，《永乐大典》终于修撰完成，这部巨作几乎包含了当时所有书籍的内容，有三亿多字，是世界最早的大百科全书。

从古至今，修书到这个地步的皇帝也只有朕了！就叫它《永乐大典》吧！
永乐大典
手抄三亿多字，我们的手都废了，嘤嘤嘤！

永乐元年（1403 年），朱棣将他做燕王时的封地北平府改名为顺天府（今北京），并开始兴建宫城。

永乐四年（1406 年），朱棣找来能工巧匠按照南京皇宫的样子在顺天府建造宫殿，这项大工程历时十四年，前后动用工匠上百万人，这就是今天北京故宫的前身。

朕的要求就是够大、够奢华、够坚固！
在那么远的地方建宫殿干嘛呀？该不是要迁都吧？

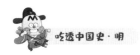

永乐五年（1407 年），朱棣心爱的徐皇后去世了，朱棣把皇后和自己陵寝的位置选在了顺天的昌平（今北京十三陵中的长陵所在地），这也表明朱棣下定决心要做一件大事：迁都。

皇后先去顺天等着朕，朕很快就过去了！

迁都是一个浩大的工程，需要大量的人力物力和财力，不亚于一次人口大迁徙，从永乐元年开始，朱棣就不断将流民、百姓迁到顺天，增加当地的劳动力。

大都市嘛！人多才热闹呀！

永乐九年（1411 年）为了南北交通便利，也为了保障物资能更有效率地从南方送到顺天，朱棣开始打通南北漕运。

以后在顺天也能吃到新鲜的南方特产啦！
南北漕运打通了，我们百姓也跟着获益呀！

永乐十八年（1420 年），朱棣正式迁都顺天，改顺天为京师，即北京。在多年努力下，此时的北京已经是一个大都市了。

北京

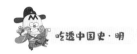

南方的大臣们大多都不同意迁都，朱棣就收拾了几个反对迁都的大臣，其余人只好跟着皇帝来到千里之外的北京。

诸位南方的爱卿，今天乔迁之喜，大家开心一点嘛！
皇上您搬回老家是舒服了，我们南方来的水土不服啊！

除了迁都，朱棣的眼光还看向了海外。永乐三年（1405 年），朱棣派宦官郑和带领船队出使西洋，这支船队由六十二艘百余米长的巨船和约两万七千名成员组成，船上的金银财宝无数。

郑和，你代表我大明出海扬国威，开贸易！
顺便看看海外有没有我大侄子的消息！

臣一定不辱使命！让大明走向世界！感谢皇上给我当航海王的机会！
郑和

自永乐三年（1405 年）到永乐二十二年（1424 年），朱棣六次派郑和出使西洋，船队到过三十多个国家和地区，最远到达过红海沿岸和非洲东海岸，把大明的国威传扬到了世界各地。

大明太强大了！我们要做永乐皇上的小弟！
万邦来朝，我大明就是世界的中心！哈哈哈！

据说，在郑和第三次下西洋的时候，在一处岛屿上发现了一种奇怪的水果。它外形圆圆滚滚，浑身尖刺，郑和将其劈开随口一尝，里面的果肉软糯香甜，好吃到让郑和为它在这座岛上停留了三天。

这东西虽然不太好闻，但是太好吃啦，简直让人流连忘返，以后就叫它榴梿吧！

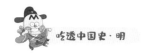

除去“工作狂”的属性，朱棣还是一位马上天子，他南征北战，先后五次亲征北方的北元残存势力。他还开创了三大营战法，神机营（火铳兵）、五军营（步兵为主）、三千营（雇佣军，骑兵为主），三个兵种协同作战，无人能敌。

从起兵靖难到创建永乐盛世，虽然国家日益强大，但是朱棣在继承人的问题上却处理得并不完美。他有三个活到成年的儿子，长子朱高炽、次子朱高煦、三子朱高燧。长子朱高炽从小就是个小胖子，而且性格仁厚，总是被两个弟弟欺负嘲笑。

有本事追我们啊！哈哈哈！
我扔！
两个弟弟虽然欺负我，但我不生气，因为我肚量大！
朱高煦
朱高燧
朱高炽

朱棣登基以后，立朱高炽为太子，被立为汉王的朱高煦很不爽，于是联合三皇子朱高燧在背后买通武官和太监，让他们在朱棣面前狠狠地说朱高炽的坏话。

皇上，我听说太子他和文官们结党呀！
皇上，上次他接驾迟到，分明是没把您放在眼里！
皇上，太子每顿吃八碗饭，再胖下去影响我大明的形象啊！

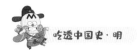

精明的朱棣深知皇子结党的后果，他训斥了太子，并且处理了几个亲近太子的文官，其中还包括修撰《永乐大典》的功臣解缙。

大臣有事不找皇帝找太子？瞧不起我是吧？
先扳倒太子身边的人，最后再收拾太子！

在朱高煦的阴谋下，太子身边好多人都获了罪，但是善良的太子为大局着想，一直忍气吞声，没有采取任何报复行为。

暴力永远不是解决问题的办法，我要以德服人！
以德服人
炽
炽

太子虽然胖，但是很有人格魅力，好多文官都帮太子说话。

皇上，太子仁厚，您交代的工作做得都特别好。
皇上，太子昨天少吃了五碗饭，正努力减肥呢！
你们好烦，别说了，朕自有安排！

朱棣考虑到太子的政务能力确实很好，而且仁厚爱民，最终还是没有废掉太子。同时因为对汉王的偏爱，也没有处罚汉王，只是强行把他赶去了封地乐安（山东境内），但这样的安排还是没能阻止两位皇子之间愈演愈烈的皇位之争。

手心手背都是肉，我还能咋办？
无奈

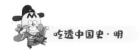

朱棣是一位能文能武、有雄才大略的好皇帝，他亲征漠北、派人修建北京、疏通运河、创立内阁、修撰大典……后世称他统治时期为“永乐盛世”。

明
明
二十余年励精图治，终于创造出一个盛世，朕此生无憾啦！

永乐二十二年七月（1424 年 8 月），朱棣在第五次北征的回师途中，病逝于榆木川，将皇位传给了太子朱高炽。

永乐大帝

离间父子

据《明史·列传·卷二十九》记载，靖难时期，朱允炆的重臣方孝孺知道朱棣的几个儿子关系不好，就想利用这一点来离间他们，他派人给朱高炽送信，让他给朝廷做内应，打算借此离间朱棣父子，面对方孝孺的阴谋，朱高炽没有上当，收到信以后没拆封就交给了朱棣。

父王，朱允炆和大哥从小关系就特别好！现在局势紧张，大哥收到信莫不是要投靠建文朝廷？
这个白眼狼竟敢离间我们父子，岂有此理！
棣
棣

父王，这是建文朝廷给我写的信，我没拆就给您带来了！想离间我们父子，他白日做梦！
我的天，儿子，我差点误杀了你啊！
炽
炽
棣

朱高炽

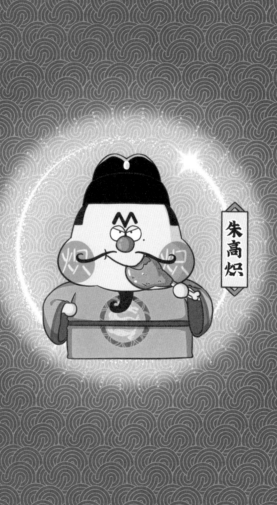

第六章　千古仁君

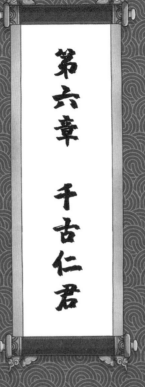

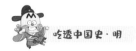

大明王朝的第四位皇帝朱高炽，洪武十一年（1378 年）生在他爷爷朱元璋的老家凤阳，那年他老爸朱棣才十八岁。

在儿子出生前，我梦到了一个拿着玉圭①的帅哥，这孩子以后一定有福气！
哈哈哈，我当爸爸啦！
朱棣

朱高炽小时候勤奋好学，崇尚儒家思想，喜欢研究文学，在一定程度上学会了射箭（其实百发九十九不中）。

我也算文武双全小天才了！
炽
炽

随着朱高炽渐渐长大，他的身体有些发福了，最终，他长成了一个儒雅的小胖子，而且腿脚不太好。

儿子，几天不见，你怎么又胖了一圈？
可能咱们家鸡腿太好吃了吧！

①玉圭：古代礼器，象征安定四方。——编者注

洪武二十八年（1395 年），朱高炽被封为燕王世子，并且在皇孙们的考核中受到爷爷朱元璋的赏识。

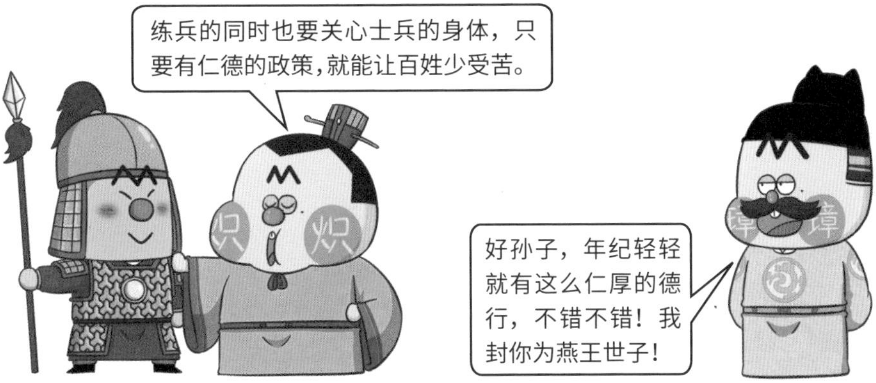
练兵的同时也要关心士兵的身体，只要有仁德的政策，就能让百姓少受苦。
炽
好孙子，年纪轻轻就有这么仁厚的德行，不错不错！我封你为燕王世子！
璋

建文元年（1399 年），朱棣发动了靖难之役，朝廷派李景隆率五十万大军攻打北平，朱棣决定去大宁搬救兵，把坚守北平的任务交给了朱高炽。

高炽啊，你是长子，在我出差的时候一定要看好家，给你留下一万多“精兵”，北平靠你了！
遵命！
棣
炽

当李景隆知道朱棣不在北平，就趁机让五十万大军猛攻北平城。

守城的是朱高炽？那个走路都费劲的胖小子？北平城现在就是一块豆腐，碾碎它不是梦！
李景隆

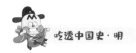

可令李景隆意外的是，五十万大军居然久久攻不下北平城，城头上的士兵士气高昂，甚至还有全副武装的百姓和女子在城头守城！

这不可能！
我看你的五十万大军才是豆腐呢！

朱高炽虽然贵为世子，在守城的时候，却没有一点架子，他虚心向老兵学习打仗经验，对城内的百姓嘘寒问暖，和士兵同甘共苦。朱高炽的以身作则让北平城内的军民斗志昂扬，加上燕王妃徐氏和道衍和尚的动员，好多百姓自愿加入守城队伍。

仁者无敌
朱高炽世子宅心仁厚。
明
明
明
明
我们愿意与您一起守护北平！

除此之外，朱高炽还会在深夜派人出城偷袭李景隆的大军军营，搞得朝廷军队白天拼命攻城，晚上还休息不好，最后李景隆只好直接退兵数十里。

朱高炽表面憨厚老实，没想到居然还玩阴的！算你狠！撤退！

朱棣当上皇帝以后，和众臣商议立太子的事情，以邱福为首的武将们都建议立二皇子朱高煦，但是朱棣最后还是把太子之位给了朱高炽。

皇上，二殿下能征善战，长得还帅，臣认为应该立他为太子！
邱福
高煦长得帅这点确实和我挺像的，但是高炽宽宏仁厚，朕好纠结啊！

朱高炽被封为太子，两个弟弟分别被封为汉王和赵王，但他们一直看不上太子，想要取而代之。

朱高煦
我这么英明神武，还战功赫赫！凭什么让那个没用的胖子当太子？我不服！
我也不服！还是二哥您最棒！
朱高燧

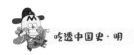

朱高煦和朱高燧安排人监视太子，想抓一些把柄，但是太子朱高炽谨言慎行，一直没有犯什么大错。

我只是一直做我分内的事情，光明磊落，还怕人监视？
炽
炽

在朱棣远征的时候，太子朱高炽一直负责监国理政，在此期间，他勤于政事，关心民生，得到很多大臣的称赞，也加深了朱棣对他的好印象。

我这么勤奋只是想让天下百姓不受冻饿之苦，让父皇北征没有后顾之忧而已。
炽
炽

永乐二十二年七月（1424 年 8 月），朱棣在远征回师途中病逝，随军大臣杨荣日夜兼程赶回北京给太子朱高炽报丧。

太子殿下，皇上驾崩啦，嘤嘤嘤，我和张辅将军怕局势动荡，暂时秘不发丧！
你们做得很好！汉王要是知道这事定会起兵造反，到时候天下又要受战乱之苦啦！
杨荣
炽
炽

朱高炽深知此时危机四伏，为了稳定局面，他派儿子朱瞻基出京迎丧，同时调北征的精兵回来守卫北京。

我要赶快登基，断了汉王过来抢皇位的念想！
炽
炽

1424 年 9 月，朱高炽正式登基为帝，年号洪熙，刚一即位，就开始推行他的一系列仁政。

明仁宗
朕当皇帝的准则就是：以德服人！

朱高炽知人善任，即位之初，首先提拔了一批大臣，其中包括杨士奇、杨荣、杨溥，这三个人都是当时的治国英才，各有所长还配合默契，史称“三杨”。

啊！这就是传说中的三只羊啊！
皇上，是“三杨”，不是“三只羊”！
杨士奇
杨荣
杨溥

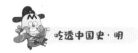

朱高炽做了皇帝，对于之前总是坑害自己的两个弟弟没有采取任何惩罚措施，反倒给他们更多的赏赐。

朕以德报怨，念着手足之情，不想再杀戮了！
朱高煦
哼！这点小恩小惠就想把我打发了？我要学李世民，早晚有一天……

大多皇帝即位后都会大赦天下，朱高炽也不例外，但是他的大赦有些大胆。朱棣靖难胜利的时候，处置了很多忠于建文帝的大臣，他们的家眷都被流放、充军、为奴为婢，朱高炽居然将他们全部赦免了。

皇上，您父亲当家的时候可不允许赦免他们啊！
现在是朕当家的时候！建文帝的忠臣也是忠臣，而且他们的家属是无辜的！

朱高炽还平反冤狱，恢复了一些大臣的官职，规定除了谋逆等重罪外，一律不许株连他人。

所谓罪不及父母，祸不及妻儿，谁犯罪，谁自己承担就好。

因为朱棣当皇帝的时候做了太多大事，花了太多钱，朱高炽只能开启省钱模式。

老爹耍威风太能花钱了，现在国家财政紧张，坑都得我来填啊，嘤嘤嘤！
炽
炽

为了省钱，朱高炽停掉郑和下西洋的经费，停止了很多不必要的军事行动。

皇上！这都是大明国威啊！停掉这些，我大明颜面何在？
要颜面还是要吃饭？省下钱来让百姓过得更好吧！
炽

朱高炽还计划把国都从北京迁回南京，他早早就派太子朱瞻基前去南京准备迁都的工作。

北京做国都，需要从南方运物资，耗费人力和物力，朕不想再给百姓添加负担啦！
皇上看起来又憨又老实，原来只是低调，其实他是大智若愚啊！
炽
炽

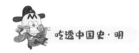

朱高炽是一个仁厚又有智慧的皇帝，他推行了很多利国利民的休养生息政策，百姓终于能免受刀兵之苦，后世也称他为“千古仁君”。

朕还要继续加油啊！
千古仁君
炽
炽

但没想到，在洪熙元年五月辛巳（1425 年 5 月 29 日），在位仅仅十个月的明仁宗朱高炽突然驾崩，临终前将皇位传给了太子朱瞻基。

等等！朕怎么这么快就下场啦，嘤嘤嘤！

大明趣事小谈

太子开仓

据说，太子朱高炽在出差途中经过山东邹县，见当地饥民遍地，县官表示，按照朝廷规定可以给灾民每人发三斗粮食。朱高炽觉得灾民太可怜，于是就令县官大开粮仓，给百姓每人六斗粮食，违反朝廷规定的事情他亲自去和皇上说。朱高炽回京城把这件事告诉朱棣，朱棣没有责备他，反而十分高兴。

父皇，邹县的百姓太可怜了，儿臣擅自开当地粮仓救济了他们,犯了国法,还请父皇治罪!
当年范仲淹还用公粮搭救朋友，你爱民如子，朕怎能怪罪你呢?
炽
炽
棣
棣

基
基
朱瞻基

第七章　仁宣之治

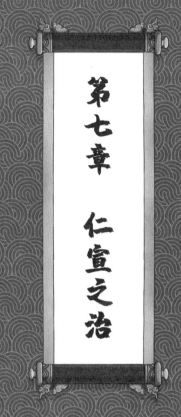

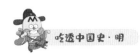

在位仅仅十个月的明仁宗朱高炽在临终前将皇位传给了太子朱瞻基，他在 1399 年（一说 1398 年）3 月出生于北平燕王府，当时建文帝正准备削藩，燕王朱棣处在危难之中，长孙朱瞻基的出生给了朱棣很大的安慰。

我之前梦见高皇帝（朱元璋）给了我一块大圭，这孩子长得这么帅，将来一定是大人物啊！
朱棣

朱瞻基从小就聪明伶俐，他酷爱读书，天资过人，朱棣十分喜欢这个孙子。

爷爷，书房的书我都读完了，有没有新书推荐？
那些书我是放着假装有文化的，我的乖孙子才是真有文化呀！

朱棣做皇帝以后，经常把朱瞻基带在身边重点培养，他带朱瞻基到民间体验农民生活，并且把这期间的见闻总结成书——《务本训》给朱瞻基。

乖孙子，你不是一直找新书看吗，爷爷亲自写了一本农学书给你！你要学会重视民生。
啊？我以为爷爷您只会打仗呢！
务本训

永乐二年（1404 年），朱棣在立太子这件事上犹豫不决，但大学者解缙的一席话让朱棣决定立朱高炽为继承人。

皇上，可别忘了您有一个好孙子朱瞻基啊！他可是皇长子的儿子！
解缙
有道理啊！看在瞻基的分儿上，就让我那个大胖儿子当太子吧！
棣
棣

永乐九年（1411 年），朱瞻基被册立为皇太孙，从此，朱棣无论是出巡还是北征都把朱瞻基带在身边，还派当时最有学问的几个大学者随时给朱瞻基讲课。

最强家教
杨荣
胡广
金幼孜
好孙子，爷爷在战场上给你上“体育课”，让这几位大学者给你上文化课！
棣
棣
基
基

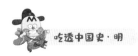

在爷爷朱棣的言传身教下，十几岁的朱瞻基就已经成为一个文武双全、见多识广的人。

永乐二十二年（1424 年），明仁宗朱高炽即位后不久，朱瞻基就被立为太子。

朕儿子的太子之位坐得可比我稳多了，其他皇子哪敢和他争！
我的太子之位可是多少年前就被爷爷内定了的！
朱高炽
炽
基

朱高炽一直准备迁都回南京，于是就派太子朱瞻基先去南京做准备。他刚走没多久，朱高炽就突然病重，朱瞻基得知消息后赶紧往回赶。

我感觉自己时日无多了，得赶紧让太子回来，不然汉王知道了又要搞事情了！
朱高煦
这一天我等了很久了！等我半路干掉朱瞻基那个臭小子，然后趁乱杀回去！

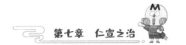

朱高煦半路设伏等了很久，却什么也没等到，只等到洪熙元年（1425年）六月朱瞻基在北京即位的消息，定年号为宣德。

不可能！我在朱瞻基所有的进京路线上都设了埋伏了！他是怎么到北京即位的？！
二叔，说了你也搞不懂，你的智商还差了一点！
明宣宗
基
基

朱高炽给儿子留下了很多治国人才，朱瞻基则继续贯彻父亲的休养生息政策，自己也十分勤政，大明国力日渐强盛。

“三杨”就是朕的最强内阁，朕也要好好干活！
基
基

朱瞻基不但爱民如子，对大臣也十分关照。他广开言路，鼓励大臣在开会时多多提出意见；在大臣生病的时候，朱瞻基还会亲自去大臣的家里探望。

诸位爱卿，以后有什么意见尽管提，朕一定虚心采纳！
基
意见箱

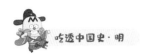

朱瞻基对宦官也很够意思，宣德元年（1426 年），朱瞻基设立“内书堂”，让宦官们也走进“校园”。

内书堂
本名誉校长宣布，皇宫内正式开展“扫盲”工作，宦官可以读书！
读书改变命运！我们立志当皇上的贴身小秘书！

就在朱瞻基努力工作的时候，大明后院起火了。宣德元年八月（1426 年9月），二叔朱高煦起兵谋反了，他没有像朱棣那样低调筹备，而是大张旗鼓，恨不得把“谋反”两个字写在脑门上。

谋反
我就是造反，就是不把你放在眼里，你能怎样？
本来打算以晚辈的身份和你说话，算了，不装了，朕要亲自收拾你！

朱瞻基亲率大军来到朱高煦的老巢乐安，但他没有下令进攻，而是给城内放出消息，谁要是能捉住汉王朱高煦献出来，有重赏。

叔叔，你再不投降，你的手下就要把你交出来换钱啦！
怪不得他们看我就跟看烤乳猪似的……

朱高煦彻底见识到了大侄子朱瞻基的实力，第二天就乖乖出城投降了。回师途中，朱瞻基又顺手收拾了另一个有威胁的叔叔——赵王朱高燧。

我才不会让你们
抓了我换钱呢！
我要自己投降！

对处理家族矛盾，朱瞻基还算客气，但是对于外敌，他是毫不留情。宣德三年（1428 年），北方的敌人兀良哈部来大明抢劫，朱瞻基亲自率领三千骑兵在宽河（今河北宽城）击败了他们，并且干掉了兀良哈部的首领。

什么？朱棣才死几年，怎么又来一个马上天子？
我就是出来遛遛弯儿，你们倒霉刚好碰上我。
基
基

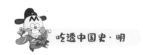

宣德五年（1430 年），朱瞻基派郑和再次下西洋考察，这是郑和第七次率船队冲出亚洲，也是最后一次。

朕登基以后，每年来上贡的国家越来越少！郑和，你出海一趟，扬我国威！
六年了，我这个大明航海王终于又能出海了，谢皇上恩典！
郑和

朱瞻基既有父亲的仁厚，又有爷爷的英武，同时他还有很多自己的爱好，业余活动相当丰富。

射箭
举重
爱卿们，我们一起去京郊团建，打猎骑马，交流感情！
骑马

朱瞻基还特别喜欢玩斗蛐蛐，据说还下旨从民间选蛐蛐进宫给他玩乐，斗蛐蛐也在宣德年间风靡一时，后人还给他取了个“蛐蛐皇帝”的外号。

获得本届斗蛐蛐大赛第一名的，将被皇上钦点为蛐蛐武状元！
工作之余搞点娱乐项目，劳逸结合有什么错？你们居然叫我蛐蛐皇帝？好伤心，嘤嘤嘤！
蛐蛐皇帝

朱瞻基还是一个文艺皇帝，他的书法、绘画造诣很高，有很多传世书法作品和画作，而且还擅长作诗、写文章。

朕真是才华横溢，就算不当皇帝，还可以做一个文学家或是书画家，朕太有才啦！

宣德年间，朱瞻基施行一系列政策，让朝廷上下团结一心，政治清明，军事强盛，国库充盈有余，百姓安居乐业。

生在宣德年间真是太幸福了！有吃有喝，还有闲暇时间搞娱乐活动！
比如……斗蛐蛐，哈哈哈！

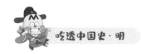

在朱高炽、朱瞻基父子持续的努力下，朱棣花钱过猛导致的大明经济问题基本得到解决，这一时期被后人称为能与西汉“文景之治”相媲美的“仁宣之治”。

但朱瞻基却没有逃过和父亲朱高炽一样短命的厄运。宣德十年（1435年），不到四十岁的明宣宗朱瞻基病重，在传位给八岁的太子朱祁镇之后，朱瞻基驾崩。

儿子啊，你的年龄怎么还没活过我啊！
嘤
嘤
嘤

大明趣事小谈

端午射柳

据说在朱瞻基还是皇太孙的时候，有一次端午节，朱棣来到东苑和群臣还有外国使节观看射柳游戏（一种射箭游戏）。游戏中，朱瞻基箭无虚发惊艳全场，朱棣十分高兴，一时兴起出了一个对子，朱瞻基完美作答，获得了很多赏赐。

万方玉帛风云会。
一统山河日月明。
皇太孙文武双全，真是太有才了！

朱祁镇

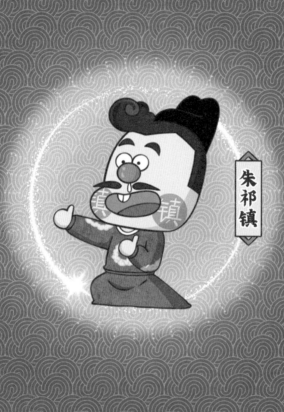

第八章　正统之乱

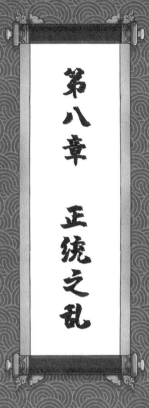

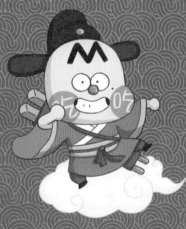

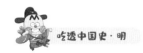

在朱瞻基驾崩的时候，因为太子朱祁镇年幼，宫中就传出谣言，说皇位继承人是朱瞻基的弟弟朱瞻墡，太皇太后张氏得知这件事以后，召集群臣宣布皇位继承人是太子朱祁镇。

都给我看清楚，我的孙子朱祁镇才是新皇帝，谁再敢传谣言，看我不打他的嘴！
朱祁镇

朱祁镇，出生在宣德二年（1427 年），两岁被立为皇太子，因为父亲朱瞻基短命，朱祁镇当皇帝的时候才八岁，年号正统。

明英宗
嗯……我要吃棒棒糖，我要吃棒棒糖！
皇上，你要自称朕！还有，把你的大鼻涕擦一擦！

朱祁镇虽然年少，但是并没有影响大明王朝的正常运转，当时朝廷由太皇太后张氏稳定局面，加上“三杨”等贤臣的辅佐，大明帝国的国力依旧蒸蒸日上。

以后三位杨大爷的奏章，你直接盖章批了就行了，其他人的话一概不许听！
那太奶奶您的话我要不要听？
镇 镇

正统初年，大明王朝经济繁荣，还成功发动过三次北征。

老朱家五代人轮番来打我们，还有完没完啦，嘤嘤嘤！

但是好景不长，随着“三杨”和太皇太后张氏相继离世，朝廷大权掌握在了宦官王振的手里。

挡路的人全死了，皇帝这下只能听我的了！
王振
镇 镇

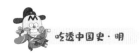

王振是朱祁镇的贴身宦官，朱祁镇十分尊敬他，称呼他为王先生，但实际上，这个王振的学识不高，只是靠着忽悠获取了朱祁镇的信任。

瞧不起谁？在宦官圈子里，我认识的字最多了，皇上您说是吧？
没错，王先生真是太有文化啦！
镇
镇

仗着皇帝宠信，王振不停地在宫中铲除异己、陷害忠良，还走后门提拔自己的无能亲信。

皇上，奴才这个亲戚是个人才，人送外号“大聪明”，很适合我们锦衣卫指挥这个岗位。
王先生说的都对！明天安排他入职吧！
镇
镇

大权独揽的王振贪污受贿、培养党羽、坏事做尽，朝廷里好多大臣都畏惧他的权势，甚至还有大臣自愿给王振当儿子。

干爹您最近身体如何，有没有好好吃饭？
干爷爷，要不要孙子给您捶捶腿？
都别来这套，想升官的拿钱出来！咱家不缺你们这几个儿子、孙子。

除了搜刮朝廷的钱之外，王振还把手伸到了北边邻居那里。漠北的瓦剌部和明朝做交易，因为没给王振好处，王振就克扣朝廷给瓦剌的赏赐，瓦剌部的太师也先十分愤怒，随即发兵攻打大明。

北方其他部落都被我打服了，现在区区一个宦官居然欺负到我头上？给我打！
也先

很快也先就攻到了大同，王振得知消息后便怂恿皇帝亲征，一通忽悠下，年轻的朱祁镇不顾群臣的反对，决定亲征瓦剌！

皇上，您得学学您的父亲和太爷爷，凭您的才能，很快就能搞定小小的瓦剌！
王先生的一席话让朕热血沸腾！让瓦剌看看什么叫天子之怒！
镇

正统十四年（1449 年），朱祁镇亲征瓦剌，临行之前，他让弟弟郕王朱祁钰暂时代理皇帝的工作。

好弟弟，朕出去收拾瓦剌，去去就回，辛苦你代朕的班啦！
大哥的皇位我一定好好看着，放心，谁都抢不走！
朱祁钰
镇
钰

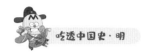

这一次大明出征号称五十万大军，实际只是仓促集结了二十万士兵就出发了，战前动员、战术计划、后勤保障等准备工作几乎没有，宦官王振虽然有横刀立马的梦想，可却只是一个军事白痴。

有什么好准备的！二十万人打四五万人，就是白痴也能打赢！
王先生真是运筹帷幄之中，决胜千里之外呀！
镇
镇

表面上是皇帝亲征，实际却是王振在背后发号施令，他不但让大军冒雨行进，还带着二十万人绕很远的路去他自己的家乡蔚州炫耀，明军受冻挨饿，士气十分低落。

家乡的父老乡亲出来瞧瞧，我王振出人头地啦！
冒雨走这么远的路，我已经没有力气打仗了！
居然让宦官领兵？我心态都崩啦！

在大军到达土木堡休整的时候，明军人困马乏，阵形混乱，跟踪了很久的也先看准机会，带着几万瓦剌骑兵突然杀出，毫无战意的二十万明军完全乱了阵脚。

没想到明军的统帅居然这么蠢？现在这二十万人不过是待宰的羔羊！给我冲！一个都不要放过！
瓦剌兵来啦！快跑啊！
我累得跑不动了，给我个痛快吧！

土木堡之战，二十万明军几乎全军覆没，还有很多精锐的文臣武将阵亡，罪魁祸首王振在乱军中被一个叫樊忠的明军将领锤死，朱祁镇也被俘了。这一战，朱祁镇祖上三代攒下的人才和家底几乎被打光了。

朕居然成了大明第一个被俘虏的皇帝，嘤嘤嘤！
太幸运啦，捉了皇帝、打败明军，我要趁热打铁，灭了你大明！

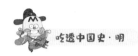

朱祁镇出征的时候，几乎把北京附近的精兵和武器都带走了，此时的北京城只有不足十万的老弱残兵，武器更是少得可怜，土木堡的消息传来，北京城里人心惶惶。

瓦剌要是打过来，京城能守住吗？！
好像京城还有一些守军啊。
仓库
都别看着我啊，我就是个管仓库的。

朝廷此时也是一片混乱，代理皇帝朱祁钰很害怕，赶紧找来群臣出主意，一个叫徐珵的官员建议赶快迁都南京，被兵部左侍郎于谦骂了回去。

我掐指一算，我们应该迁都到南京！
徐珵
胡说八道！建议南迁的人应该去死！我们要誓死守卫北京城！
于谦

于谦的决定得到了一众大臣的响应，代理皇帝朱祁钰决定坚守北京，他也被迫从代理皇帝升级成了正式皇帝，年号为景泰，而被俘的朱祁镇就这么成了太上皇。

殿下，皇上被俘，国家需要一个主心骨啊，您就登基做皇上吧！
大明危在旦夕，要背锅的时候把我顶上来，你们好过分啊，嘤嘤嘤！

转正后的朱祁钰将于谦升为兵部尚书，让他负责北京的防卫工作，于谦积极号召各地的军队，火速赶来京城支援，同时命令支援的士兵顺道从京属各府运些粮食过来，解决了北京缺人缺粮的情况，同时也稳定了人心。

时间就是金钱，都给我跑步前进！谁敢迟到，军法处置！

京城防卫工作逐渐稳定之后，朝中大臣开始追究土木堡之战的责任，主犯王振死了，朝臣们就拿王振的党羽顶罪。在一天早朝上，几十个文臣武将当着皇帝朱祁钰的面，乱拳打死了三个王振的党羽，史称“午门血案”。

午门血案
这些看起来文质彬彬的老头子居然这么暴力，朕不是在做噩梦吧？好怕怕！
钰
钰

这之后，王振全族被杀，在他家中也抄出了无数金银财宝。

这些都是从百姓身上搜刮来的不义之财！王振真是祸国殃民！
钰
钰

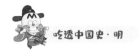

另一边，被捉走的倒霉皇帝朱祁镇被也先当成了城门钥匙。朱祁镇被胁迫给大同和宣府的守将写信，以皇帝的名义命令他们开门，结果被守将们无情拒绝。

你们的皇帝有旨意，赶快开城门！
我们老大说他不在家，让你们改天再来！

也先尝试叫门无果，只能来硬的，他集中兵力攻破紫荆关，随后进军北京。正统十四年十月十一日（1449 年 10 月 27 日），瓦剌大军兵临北京城下。

皇帝亲自率领的二十万大明精锐都被我收拾干净了，现在的北京城唾手可得！

出乎也先意料的是，北京城的守军没有站在城头打防守，而是全都来到城外列阵。

他们不是应该缩在城池里吗？出城难道是要和我硬碰硬？
乌龟才缩在壳里，我们不怕你！

此时于谦已经在北京集结了二十二万明军，他让守军在城外列阵，城门紧锁，让士兵有了破釜沉舟的信念，自己也以身作则，亲率部队守在最危险的德胜门。

德胜门
将士们！我们身后的城门已经锁上，没有退路了，大明的生死存亡，就在今天！

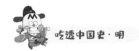

也先开始攻城，背水一战的明军战力极强，他们和瓦剌士兵激战五天，设伏、偷袭，城墙上下军民配合，瓦剌士兵损失惨重，也先只好灰溜溜地撤兵。

明军在土木堡的时候不是这样啊！好可怕啊，嘤嘤嘤！
这就是守卫家园的信念！别跑！

北京保卫战瓦剌惨败，也先只好与大明议和。为表诚意，他打算把朱祁镇送回去，但是新皇帝朱祁钰很不愿意，最后在于谦的劝说下，才勉为其难把倒霉的朱祁镇接了回来。

皇位坐着好舒服，我有点上瘾了，太上皇朱祁镇要是回来了，不会把朕踢下去吧？
钰
皇上您放心，您坐皇位是上天安排的，上天安排的最大嘛！

景泰元年八月（1450 年 9 月），被俘一年的朱祁镇终于被接回了北京皇宫，但他没有享受到太上皇的待遇，而是被弟弟软禁在了南宫，开始了他的另一种囚徒生活。

南宫
这哪里是回家，分明是给我换了一座监狱啊，嘤嘤嘤！

大明趣事小谈

气质囚徒

土木堡之变以后，朱祁镇被也先抓了回去，他虽然成了俘虏，靠着自己独特的气质和人格魅力，得到了瓦剌高级首领伯颜帖木儿的赏识和崇拜，二人甚至成了朋友，后来就连也先也对朱祁镇礼遇有加。在朱祁镇回北京的时候，也先和伯颜帖木儿亲自护送，临别前还十分舍不得地痛哭起来。

真不想让老朱走啊，除非他回去能当皇上。
但现在人家也是太上皇，待遇不会差的！
伯颜帖木儿
也先
镇
镇

朱祁钰

第九章 一朝两帝

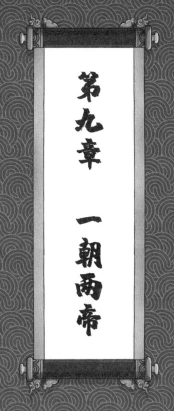

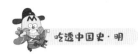

朱祁钰阴差阳错地从一个代理皇帝正式成为大明的统治者，他的年号是景泰，要不是土木堡的意外，朱祁钰根本没有继承皇位的可能。

我相信一切皆有可能！就算是宫女生的皇子也是皇子！
朱祁钰
钰

宣德三年（1428 年），朱祁钰出生了，他是明宣宗朱瞻基的第二个儿子，只比朱祁镇小一岁，朱祁镇即位以后将他封为郕王，就藩的地方就在北京。

弟弟啊，除了王先生以外朕最亲近的就是你了，你就留在北京吧！
能待在哥哥身边真是太好了！
朱祁镇
镇
钰

土木堡事件爆发后，皇帝朱祁镇被俘，朱祁钰临危受命，登基后带领北京军民赢得了北京保卫战的胜利，让大明朝成功续命，这件事也让他获得了百姓的尊崇，声望大震。

其实这个“大明守护神奖”应该颁给我的好助手于谦先生。
钰
于谦

朱祁钰很会用人，并且赏罚分明，他在危急时刻正确任用了于谦等一批贤臣良将，这一点要远远强过朱祁镇。

朕……哦不，我知道错啦，我想回北京，这边太苦了，嘤嘤嘤！

做了一段时间皇帝以后，朱祁钰害怕哥哥回来把皇位抢走，一直拖着不想把俘虏哥哥朱祁镇接回来，可最后实在受不了舆论的压力，他还是把已成为太上皇的朱祁镇接了回来。

我终于回家了，嘤嘤嘤！祁钰，跟哥哥抱一下！
抱一下就算了，你就先住在南宫吧！没什么事就不要出来了，有空朕会去看你。

朱祁镇刚回来，朱祁钰就把这个哥哥软禁在了破旧的南宫，还派人日夜监视，据说还用铁水封上了南宫大门的锁，只留下一个送饭的小洞。

别怪弟弟心狠，万一哪天你出来抢我的皇位可就麻烦了！

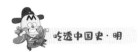

朱祁钰算是一个本本分分的皇帝，执政时期该赈灾赈灾、该平乱平乱，努力工作加上一众贤臣的帮助，饱受战争创伤的大明也渐渐恢复了元气。

还不是太上皇（朱祁镇）惹大祸，大明的未来还得靠朕建设啊，哈哈哈！
钰
钰

当上皇帝以后，朱祁钰一直有一个愿望，就是把自己的儿子朱见济立为太子当继承人，但是此时已经有一位太子了，就是朱祁镇的儿子朱见深，朱祁钰想换太子，大臣们居然不同意。

朕当了皇帝，难道不应该把太子改成亲生儿子吗？
不能，当初咱们都说好了，太子朱见深的地位是不会变的，皇上该不会想赖账吧？

据说朱祁钰为了把太子换成自己的儿子，竟然自掏腰包贿赂大臣们，皇帝贿赂大臣，这是一件十分奇葩的事情。

皇上！您这是什么意思？
朕没什么意思，就是意思意思！

景泰三年（1452 年），朱祁钰终于成功废掉了太子朱见深，把自己的亲儿子朱见济扶上了太子之位，虽说不合规矩，但是也许大臣们收了皇帝的红包，也都选择了默认。

朕软禁太上皇，要是他儿子登基了一定会报复，废了他，朕安心多啦，哈哈哈！
贿赂大臣太不道德了，强烈鄙视，嘤嘤嘤！
朱见深

皇位坐稳了，亲儿子也成了继承人，朱祁钰终于能过几天舒心日子了，但是他并没有舒心几天。景泰四年（1453 年），刚成为太子一年多的朱见济突然去世，年仅五岁，这件事给朱祁钰的精神造成了极大的打击。

朕的爱子怎么说走就走了，朕就一个儿子，苍天啊！嘤嘤嘤！

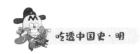

朱见济是朱祁钰唯一的儿子，去世后继承人位置空缺，大臣们纷纷建议将朱祁镇的儿子朱见深重新立为太子，可朱祁钰不同意，还教训了提建议的大臣们。

皇上，您儿子去世可能是天意，要不咱还是换回太上皇的儿子？
你是说朕儿子死是应该的吗？拖出去庭杖八十！

可大明确实不能没有一个继承人，在后来的几年里，好多大臣都提议将朱祁镇的儿子朱见深重新立为太子，但是朱祁钰都没有允许，而且毫无例外地用庭杖罚了他们。

你们真的要逼疯朕才行吗，谁再敢提立太子的事儿，朕一定请他吃庭杖！

景泰八年（1457 年）初，身心俱疲的朱祁钰病重，卧床不起，但是他依旧不允许大臣们提要立太子的请求。

扶朕起来，朕要看看还有谁要立朱见深做太子，朕要赐他们庭杖！

皇帝朱祁钰的身体越来越差，大臣徐有贞、石亨、张軏、宦官曹吉祥等人开始密谋把太上皇从南宫接出来重新即位。

我刚才去看了眼皇上，他应该没几天活头了！
不如让太上皇重新做皇帝，要是成功了，我们就飞黄腾达啦！
我夜观星象，今天动手的话肯定能成功！
说干就干！

景泰八年正月十七日（1457 年 2 月 11 日）凌晨，以徐有贞为首的几个大臣趁着皇帝病重，居然砸开了软禁朱祁镇的南宫院墙，搀扶着他来到奉天门上早朝，宣布太上皇重新登基，史称“夺门之变”。

夺门之变
太上皇重新当皇上啦！你们还不赶紧跪下？
我朱祁镇又回来啦！
徐有贞
祁
镇

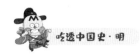

夺门之变的主谋是徐有贞，他就是徐珵，当年土木堡之变，他因为主张南迁失去了升迁的机会，也被其他大臣看不起，于是给自己改了个名字叫徐有贞。

改了名字我还是一条好汉，现在我可是“夺门”头号功臣！这就叫咸鱼翻身！
夺门功臣

1457 年，朱祁镇复辟后当即把年号从“景泰八年”改为“天顺元年”，与此同时朱祁钰还活着，大明王朝史无前例地出现了一个皇帝、两个年号的现象。

朱祁镇刚一即位，马上开始算总账，他给帮助他复位的徐有贞、石亨等人加官晋爵，又将忠于朱祁钰的大臣全部抓起来，在徐有贞的教唆下，他决定以谋反罪处死大明功臣于谦。

于谦可是有很大的功劳啊！
于谦不死，怎么能解我心中之恨……哦不，我是说他不死，您的皇位就名不正言不顺啊！

天顺元年（1457 年）二月，在朱祁镇夺回皇位六天后，于谦在北京崇文门前被冤杀，当时全天下都为他喊冤。在查抄于谦家产的时候，作为二品大员的他家徒四壁，只在一间被锁住的房子里找到了皇帝赐给他的蟒袍和宝剑。

石灰吟
千锤万凿出深山，烈火焚烧若等闲。
粉骨碎身全不怕，要留清白在人间。

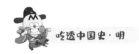

天顺元年三月，明代宗朱祁钰驾崩。土木堡之变时，朱祁钰临危受命登基，挽救了即将亡国的大明王朝，在位期间任用贤能，迅速恢复了大明的国力，担得起一代贤君之名。

唯一污点就是朕贪恋皇位，不顾兄弟情谊，软禁了哥哥朱祁镇哪！
驾
崩

朱祁钰做了八年皇帝，驾崩后却没有享受到皇帝的待遇，他的皇帝陵墓被哥哥朱祁镇拆毁，后以亲王的礼仪草草下葬。朱祁镇还赐朱祁钰谥号为“戾”，称其为“郕戾王”，意思是说朱祁钰终生作恶，是个超级坏的人。

朱祁钰就是十恶不赦！被他软禁这七年朕真的好苦啊，嘤嘤嘤！

朱祁钰驾崩后不久，朱祁镇做了一件让人震惊的事，给王振平反！而且居然还给这个祸国殃民的宦官立祠堂！

王先生没有错，土木堡就没有错，朕也就没有错啦，哈哈哈！
平反

朱祁镇还赦免了一直被囚禁的建文帝朱允炆的幼子朱文圭。

还是给建文后人留一条生路吧，说到底朕还得叫他一声叔叔呢！
生路

天顺初年，朱祁镇忙完复位的事，开始专心治国，虽然“三杨”早已不在，但是历尽坎坷的朱祁镇也成长了很多，在他的努力下，大明虽然没有像过去那样强盛，但也还算井井有条。

失而复得，才懂得珍惜啊！朕怎么能不努力工作呢？

皇上发愤图强，但是下边的大臣却开始不安分，尤其是帮助朱祁镇重登皇位的几个“夺门”功臣。

臣才德兼备，您是不是再给臣升升官？
皇上，臣有三千个亲戚都是“夺门”的功臣，您就全都封赏了吧！
徐有贞
石亨

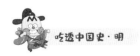

虽然这些帮助朱祁镇复位的大臣愈发嚣张跋扈，但是知恩图报的朱祁镇却只能睁一只眼闭一只眼，直到大学士李贤点醒了朱祁镇。

皇上，那个时候郕王已经快死了，他又没有儿子，就算不“夺门”，皇位也还是您的！
李贤
你说的有点道理哈，所以他们也没啥大功劳，凭什么这么嚣张？！

很快，不知收敛的“夺门”功臣徐有贞和石亨相继被革职、处死，另一个功臣宦官曹吉祥见势不妙，决定造反。

皇上过河拆桥，老徐和老石都完了，下一个就得是咱家了！没办法，反了吧！
曹吉祥

天顺五年（1461 年），宦官曹吉祥和义子曹钦串通一气，带着他们的亲信精兵进攻兵力空虚的皇城，想要杀掉朱祁镇，自己当皇帝。

同样是宦官，王振大哥梦想当将军，咱家梦想当皇帝有什么不行呢？

危急时刻，刚巧在宫外值夜班的武将孙镗及时去城外带兵回来，击败了叛军，最终曹吉祥被处以磔刑，曹钦投井自杀。

唉，朕信任的宦官怎么总给朕找麻烦，辜负朕的信任啊，嘤嘤嘤！
扑通！

朱祁镇是一个特别的皇帝，因为他担任过很多角色：太子、皇帝、俘虏、囚徒，再到皇帝。

朕的人生不能说多精彩，但是也算跌宕起伏啦！
太子
皇帝
俘虏
囚徒

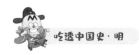

天顺八年（1464 年）二月，三十七岁的明英宗朱祁镇驾崩，太子朱见深继位。朱祁镇在遗诏中取消了极为残忍的妃嫔殉葬制度，这个举动也被评价为帝王表率。

《朕这一辈子》
土木堡之变
赦免建文后人
赦免
错杀于谦
废除殉葬制度
朕做过错事，但也做过好事，还是希望大家能多念朕的好吧！
镇
镇

此时朱祁镇犯下的种种错误，就得让新皇帝朱见深来改正了。

老爹做错事就得改，他不愿意改的就让他儿子我来改。
朱见深
深
深

大明趣事小谈

及人之老

有一次，朱祁镇趁着太后大寿之际给全国老年人发放福利，全国七十岁以上的老人每年都能领到国家发放的粮食供养，九十岁以上的老人加倍，六十五岁以上的老人免服任何国家差役。

孙太后过寿，全国的老人都跟您沾了光！
皇帝懂得尊老，本宫十分欣慰啊！
寿
镇
镇

朱见深
深
深
丹

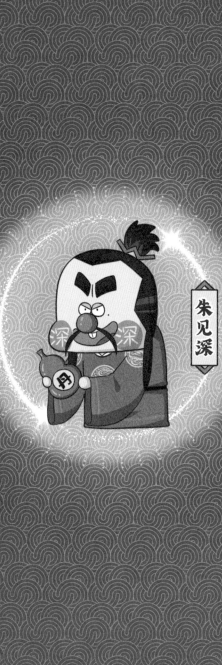

第十章 成化深宫

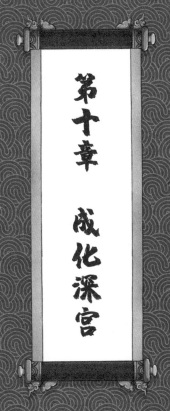

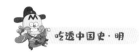

如果说朱祁镇的一生跌宕起伏，那他的儿子朱见深的童年就是历尽坎坷。

每到忆童年这个环节，朕都会忍不住泪流满面啊，嘤嘤嘤！
朱见深

在被俘一年被放回后，朱祁镇被弟弟朱祁钰软禁在了南宫，不久后他的儿子朱见深也被夺去太子之位，地位一落千丈。

唉，说起来是我坑了儿子的童年啊！
朱祁镇

离开了东宫豪宅的朱见深失去了锦衣玉食的生活，身边也没有父母的呵护，他受尽冷眼，生活凄苦，好在有一个姓万的宫女一直十分细心地照顾他。

为什么搬家以后再也没人送好吃的过来了？
再等等吧，等我开工资了再给你买。
万氏

天顺元年，随着父亲朱祁镇成功复位，朱见深重新成为太子，人生迎来了重大转折。

八年了，我儿受苦了，朕亏欠你的，一定好好补偿回来！
父皇，我在这儿，你认错儿子啦！

再次成为太子的朱见深搬回东宫，那些曾经看不上他的仆人全都争抢着入职东宫伺候他，但是朱见深此时只认宫女万氏。

太子爷，我做的糕点可好吃了！
太子爷，以后就让咱家伺候您吧！
你们都别白费力气啦！现在小朱朱只让我伺候！

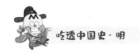

万氏陪伴了朱见深的整个童年，随着朱见深逐渐长大，他竟然和比他大十七岁的宫女万氏发展出了地下情侣关系。

太子殿下，我已经不年轻啦！
年不年轻我不管，我就喜欢你这一款！

天顺八年，朱祁镇驾崩，十七岁的朱见深继位，年号成化。刚刚继位不久，朱见深就为于谦平反，而且还以德报怨，为曾经废他太子之位的叔叔朱祁钰恢复了皇帝名号。

主要是觉得老爹对他们做的事情确实有点过分了。
明宪宗
深
深

成化初年，朱见深在工作上十分认真专注，加上商辂、彭时等贤臣的帮助，朝廷内外一片欣欣向荣，而且在朱见深的带领下，明朝还先后打了很多胜仗，稳定了边界，朱见深赢得了满朝好评。

皇上真是一代明君！
皇上真是个大好人啊！

但是朱见深的明君形象刚立起来，转头就做了件在当时无法让人接受的事：纳比他大十七岁的宫女万氏为嫔妃。

皇上，万氏的身份和年龄完全配不上您啊！
朕就喜欢忘年恋，你们少管闲事！

万氏深得皇帝宠爱，后来她还给朱见深生了一个儿子，被封为万贵妃，从此她独霸后宫，连继任皇后的王氏都得巴结她。

我就是个假皇后，您才是真贵妃，我给您满上！
不错不错，你还挺懂事儿嘛！

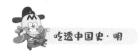

第二年，万贵妃生的儿子病死了。从此以后就流传着一个说法：她担心其他妃子和她争宠，就派人暗中使坏，只要是怀孕的妃嫔都被她害得失去了孩子，她甚至还毒杀了一个朱见深的皇子。

本宫没有孩子，其他人也不能有！小朱朱只能属于本宫一个人！
皇子杀手

朱见深即位多年，虽然有不少妃嫔，但是却没有一个活下来的皇子，据说所有人都认为这是万贵妃捣的鬼，但是却没人敢揭发她。

本宫才不在乎大明有没有继承人呢，本宫只想让小朱朱不变心！
深

成化十一年（1475 年）的一天，坐在镜子前梳头的朱见深发现自己有了几根白头发，不禁有些失落。

唉，朕一把年纪了，还没有个孩子，这可怎么办啊！
深
深

给朱见深梳发的宦官张敏听到这话以后，直接跪在了朱见深面前。

皇上，其实您有一个儿子！惊不惊喜？意不意外？
张敏
深
深

又惊又喜的朱见深在宦官张敏的带领下来到一处宫殿，看到一个女子和一个长发的孩子，此时这个孩子已经五岁了。

你看，那个穿皇袍、长胡子的人就是你的父亲！快过去！
深
深
樘
樘

朱见深见到这个长发的孩子，马上就认出是他的儿子，对面的女子正是孩子的生母。

长得和我一样一样的！他就是我的儿子，嘤嘤嘤！
皇上，您还记得，深宫内院，给您管私房钱的纪姑娘吗？

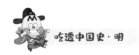

在六年前的一天，朱见深来到自己的“私人银行”——内藏库，想看看自己攒了多少私房钱。管内藏库的是一个姓纪的女史，朱见深对这个纪姑娘一见钟情。

皇上放心，您的私房钱我给您看着呢，绝对丢不了！
小姐姐你好漂亮啊，认识一下呗！
深
深

不久后，纪姑娘生下一个孩子，万贵妃知道这件事以后大发雷霆，当即找人想把孩子淹死。

居然敢在本宫眼皮底下生孩子？张敏，你去把那个孩子给我扔井里！

宦官张敏是一个有良心的人，他不忍心杀害朱见深的皇子，于是就瞒着万贵妃，和其他宫女、太监把这个孩子偷偷养在宫中。

皇上一把年纪，就这么一个孩子，好可怜，我得好好保护他！
樘

直到五年以后，朱见深才得以和这个儿子相认，并且给他取名朱祐樘，将他立为太子。

朕老来得子太开心啦，嘤嘤嘤！
朱祐樘

为了保护好年幼的朱祐樘不被万贵妃暗算，朱见深的母亲周太后把朱祐樘接到自己身边保护了起来，权倾后宫的万贵妃也确实不敢得罪自己的婆婆。

我看谁敢动我乖孙子一根毫毛！
周太后

小东西，有人护着是吧？那本宫只好拿别人出气了！

同年，生下朱祐樘的纪妃离奇去世，没过几天，宦官张敏也吞金自杀了。

他们一个病死，一个乱吃东西，可和本宫没有任何关系，哈哈哈！

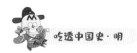

朱见深是一个十分迷信的皇帝，他好多重大的决策都是看天气决定的。有一次，万贵妃忽悠朱见深废太子，不久后泰山地震的消息传来，朱见深以为是废太子的想法惹山神生气了，于是就没有废掉太子，朱祐樘也因此化险为夷。

朕这不叫迷信，朕这叫敬畏大自然。
深

此后朱见深再接再厉，又有了几个儿子，儿女多了，朱见深的生活变得十分温馨，但也开始忽略起皇帝的本职工作。

深
深
皇上忙着干正事呢！不要因为工作上的小事打扰他！
难道工作不是正事吗？

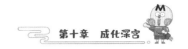

随着商辂、彭时几个能干的内阁大臣不在了，大明朝廷开始走下坡路。

竞争对手欺负我老人家，皇上也不管，我要辞职，嘤嘤嘤！
辞呈
商辂

朱见深的用人逻辑十分奇葩，只要是他喜欢的人，不经过考试筛选就可以当官，这种形式选拔上的官员也叫“传奉官”。

十年寒窗，比不上人家溜须拍马，宝宝们好苦啊，嘤嘤嘤！
拍马屁真管用，当官去喽，哈哈哈！
传奉官
官

就这样，朱见深身边逐渐多了很多没有真才实学，只会讨好权贵的混混，其中一个叫万安的混混，靠着和万贵妃的虚假远房亲戚关系，竟然当上了内阁首辅。

万贵妃，我的小老婆是您弟弟的老婆的妹妹，咱们可是亲戚啊！
万安
既然都是一家人，有什么要求尽管提！

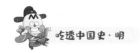

坐上内阁首辅这么重要的位置，万安却只会在办公室喝茶水，不然就是拉拢小团伙对付不喜欢他的人，不干正事混日子。

有这么硬的关系，谁还好好工作啊。咱们今天去哪儿玩啊？

大臣乱了，宦官也不甘示弱。有一个叫汪直的宦官，也靠着巴结万贵妃当上了御马监的宦官头领，因为眼红东厂的权势，他就怂恿朱见深成立了西厂。

皇上，都说东厂是您的耳目，但是只有一个耳朵是不是不够啊？
汪直
你说的有点道理，那就再开个新特务机构，就叫西厂！你来当厂长！
深
深

成化十三年（1477 年），以汪直为首的特务机构西厂成立，这个部门的工作内容和东厂差不多，但是它比东厂还要狠辣。

东厂不敢抓的人我抓，东厂不敢管的事我管！皇上给的特权你们眼馋吧，哈哈哈！
西
厂

西厂制造了很多冤假错案，好多二三品的朝廷大员都无故被西厂抓进大牢，承受了很多残酷的刑罚，九死一生。

管他官大官小，西厂捉人，全看心情！啦啦啦……
说起嚣张和狠毒，我们甘拜下风。

除了汪直，朱见深还宠信一个叫梁芳的宦官，他是靠着给万贵妃送礼得到的官职。

他们都是低三下四认亲戚当官，我可是正大光明送礼当官的！
梁芳
不以为耻，反以为荣。
脸皮比城墙还厚！

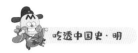

除了给万贵妃送礼，梁芳还联合万安一起给皇帝炼丹药。

皇上，奴婢和首辅万安合作制药，吃了奴婢的神药，保证您生龙活虎！
你们真是太懂朕的心啦，快给朕吃一粒。
丹
深
深

很快，这个叫梁芳的宫廷骗子成功取悦了朱见深，他得知朱见深是一个迷信的皇帝，就给朱见深介绍来另一个江湖骗子，名叫李孜省。

皇上，小的是专业炼仙丹的，吃了臣的仙丹，保证您长生不老！
太好了！朕真的还想再活五百年！
李孜省
深
深
丹

梁芳是一个超级财迷，他借着买药材的名义，把朱见深的私房钱都贪进了自己的腰包。

朕的私房钱怎么都没啦？嘤嘤嘤！
皇上您别哭，钱不就是用来花的吗，我花钱可都是为了您啊！

皇帝吃“仙丹”、忙修仙；内阁拉关系、除异己；宦官炼假药、造冤案，加上万贵妃在后宫收拾情敌，一时之间，紫禁城内外一片乌烟瘴气。

修仙
丹
深
丹
丹
丹
丹
拉关系
冤案
收拾情敌

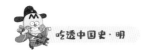

成化二十三年（1487 年），万贵妃病逝了，朱见深悲痛欲绝。

朕失去了一生最爱的人啊，嘤嘤嘤！

同年九月，因为长期吃假药加上悲伤过度，朱见深修仙失败，因病驾崩，年仅四十岁。太子朱祐樘继位，时年十七岁。

我……哦不，朕已经准备好收拾老爹留下的乱摊子啦！
明孝宗

大明趣事小谈

因妃废后

在纳万氏为妃之前，朱见深被父母包办婚姻迎娶过两个名门闺秀，吴氏和李氏。见朱见深专宠万氏，皇后吴氏十分嫉妒，仗着自己的身份将万氏狠狠打了一顿。挨打了的万氏拿出自己的独门绝技——枕头风，在朱见深那里狠狠告了吴氏一状，朱见深大怒，竟然因为一个妃子把皇后给废了。

你这又丑又老的宫女，也配当我的情敌？给我狠狠打！
别打了，我一把年纪了吃不消啊，嘤嘤嘤！

皇上，臣妾差点被皇后打死！您要为臣妾做主啊！
什么？打你就等于打朕！把吴皇后给朕废了！

这不叫枕头风，这叫无敌枕头龙卷风，哈哈哈！

朱祐樘

第十一章　弘治中兴

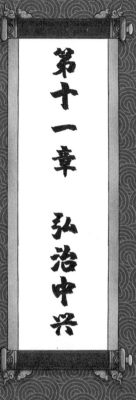

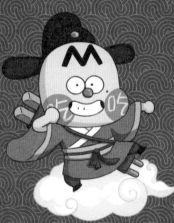

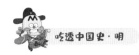

明宪宗朱见深在位期间，虽然国家没有出什么大乱子，经济状况也中规中矩，但是朝廷内部十分混乱，大臣混日子，宦官惹麻烦，皇帝得过且过，天下看似平静，实际危机四伏。

南方洪灾的事情我回头再处理吧，今天不想上班。
朱见深
皇上圣明，百姓的事情哪有您的龙体重要，臣给您捶捶腿吧！

成化二十三年，明宪宗朱见深驾崩，太子朱祐樘继位，年号弘治，刚即位，他就着手清理父亲留下的烂摊子。

烂摊子
朱祐樘
哎！

因为老爹朱见深崇佛信道，在宫里养了很多自称法王、国师、佛子等的人，朱祐樘继位后将他们全都赶出了皇宫，有一个就会变戏法骗人的继晓甚至被处死。

皇上，我再也不骗人啦！饶我一命，嘤嘤嘤！
继晓
迷信误国，绝不饶你！

随后朱祐樘马不停蹄，一口气开除了一千多名靠着行贿拉关系当官的废物，贪赃枉法的礼部侍郎李孜省、造假药的大太监梁芳相继被关进监狱。

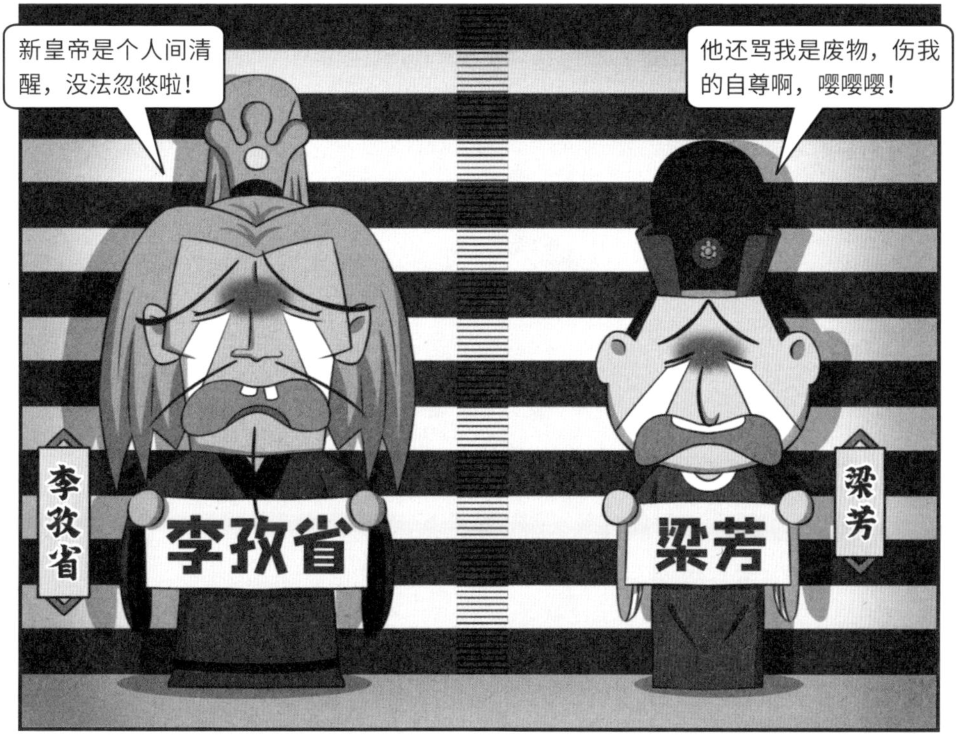
新皇帝是个人间清醒，没法忽悠啦！
他还骂我是废物，伤我的自尊啊，嘤嘤嘤！
李孜省
李孜省
梁芳
梁芳

不久后，首辅万安因为创作了一本下流的画册，加上他天天混日子，也被朱祐樘开除了，留下了工作靠谱认真的徐溥、刘健主持内阁，后来又加入了李东阳和谢迁等能臣。

身为首辅，你不好好工作，还写这种闲书？赶紧给朕滚！
臣知罪，这就滚，这就滚。
万安

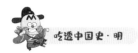

清理掉上千名江湖骗子和混日子的官员，朝廷被朱祐樘优化过一遍，原本乌烟瘴气的大明皇宫变得明朗了很多。

天朗气清
哼！一屋不扫，何以扫天下？

和父亲朱见深不同，朱祐樘选拔人才十分严格，他把所有四品以上大臣的简历全都贴在墙上，从中精心挑选有用之才，同时也会从大臣推荐的地方官中进行筛选。

朕的时代，什么最贵？人才！

在选拔官员的过程中，朱祐樘慧眼识珠，筛出了几个治国“大咖”，其中以王恕、马文升、刘大夏为代表。

王恕
录
马文升
录
刘大夏
录

王恕是一个超级工作狂，朱见深统治时期大明朝廷没几个干活的，但他是个例外，老百姓都知道皇宫里有个工作狂王恕大人。

听说皇上上朝的时候，只要王大人不开口，都没人敢说话？
你没听过：两京十二部（指北京、南京的六部），独有一王恕吗？

王恕自己当工作狂还不够，还喜欢催着消极怠工的领导朱见深搞业绩，在北京就当面催，被朱见深赶到南京以后就写信催。

皇上！别睡啦，该起床上班啦！
王恕
老王这个工作狂简直比万恶的起床闹钟还讨厌！
深
深

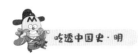

朱祐樘即位后，把王恕调回北京工作，此时王恕已经七十多岁了，但是年龄丝毫不影响他的工作状态。

老夫七十多岁正青春，还要在工作岗位上发挥余热，冲呀！

马文升是一个军事人才，朱祐樘精准地对号入座，将兵部大权交到了他的手里，马文升也不客气，刚上任就开除了手下几个武将，还差点被失业的武将打击报复。

马大人，有人要在你下班路上偷袭你！
不怕，皇上特意给我安排了几个保镖，看谁敢碰我！
马文升

刘大夏是一个全能人才，水利工程、官员审查、用兵之法无一不通，大明天下哪里有问题，朱祐樘就把他派到哪里，工作效率极高。

皇上这是把我当灭火器了！
灭火器
灭火器
灭火器
刘大夏

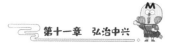

王恕、马文升、刘大夏三个大臣也被誉为“弘治三君子”。

弘治三君子

朱祐樘是一个特别勤快的皇帝，除了日常的早朝外，还加了一个午朝，后来他还是觉得不过瘾，又在业余时间弄了一个国事论坛：经筵，平时还会亲自盯着大臣们的工作业绩。

来，现在不是上班时间，大家不要拘束，畅所欲言。
国事讨论会
业余活动也是讨论国事，皇上对大明太负责任啦！

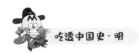

因为朱祐樘在皇帝的工作上十分认真负责，这也导致他的工作量十分庞大，但他却吸取宦官掌权的教训，没有像父亲和爷爷那样找宦官分担工作，同时也限制了锦衣卫的权力。

唉，因为皇上太能干，我只能做一个面无表情的盖章机器啦！
宦官

你好歹还能坐着工作，我们堂堂锦衣卫还得天天干跑腿的活呢！
锦衣卫

即位之初，好多大臣都建议朱祐樘报复曾经害他的万贵妃，把万贵妃的亲信处死，但是朱祐樘却极其大度地拒绝了这个看似理所应当的提议。

皇上，当初万贵妃多次想害死您，不如现在干掉她的亲戚解解气？
大可不必，把她的无能亲信开除就好，不必赶尽杀绝！

朱祐樘母亲纪氏去世多年，为了报答母亲的恩情，他多次派人到遥远的广西寻找母亲的族人，但是并没有找到，于是他只能给纪氏故去的亲人封一些爵位。

皇上真是个孝顺的人啊！
此情此景弄得我也有些想妈妈啦，嘤嘤嘤！
纪氏家族牌位

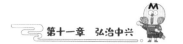

在工作和生活中，朱祐樘总能和大臣推心置腹，还常对下属嘘寒问暖，大大拉近了君臣之间的距离。

今天加班有些晚，天黑通勤不方便，朕派专人专车送你们回家！
我们把他当皇帝伺候，他居然把我们当兄弟，好感动，嘤嘤嘤！

朱祐樘虽然对人善良随和，但是做事雷厉风行，从不优柔寡断，遇到洪灾、旱灾、饥荒等问题，他总能第一时间妥善处理，从不拖沓。

皇上说啦，你们有什么困难尽管向朝廷提，别客气！
做弘治皇帝的子民好幸福啊！

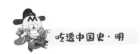

军事上，朱祐樘先后三次收复远在西域的哈密，还多次击退北方鞑靼部首领小王子的大军。

过来抢劫的打退就好，不要主动出去招惹他们，打仗多劳民伤财啊！

工作能力十分突出的朱祐樘很快取得了优异的治国成绩，但他却从不好好奖励自己，反而十分节俭。

皇上，朝廷挣钱了，您就不犒劳犒劳自己吗？
大房子、奢侈品、大鱼大肉什么的，朕没有兴趣！

都说皇帝有三宫六院七十二妃，朱祐樘却打破常规，一生只娶了一个老婆张皇后，而且对她宠爱有加，是史上唯一一个贯彻“一夫一妻”的皇帝。

在朕的世界里，书信很远，车马很慢，一生只够爱一个人。
皇上您真是一个专情的模范老公！
张皇后

在朱祐樘统治的时期，民间盛行文学艺术，涌现出很多文学才子，其中比较出名的就是以诗文著称的“吴中四大才子”，也叫“江南四大才子”。

其中最为人熟知的就是唐寅，也就是唐伯虎。

那个……补充一下，以绘画著称的“吴门四家”里也包括我，哈哈哈！
吴门四家

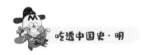

唐寅从小就是一个超级神童，虽然整天吃喝玩乐不务正业，还经常逃课外出郊游画画，但是学校考试还能拿高分。

这么弱智的试卷，我用脚趾都能答满分。
A+
这个唐寅真是天才，老夫都不知道怎么教他了呀！

唐寅家里是开饭店的，他很早就娶妻生子了，但在弘治七年（1494 年），他的父母、妻子、儿子、妹妹却在两年内相继离世，悲痛欲绝的他在好大哥祝允明的劝说下开始准备考功名。

祝老哥，我唐寅在这世上没有亲人了，嘤嘤嘤！
伯虎啊，人死不能复生，你应该痛定思痛，考取功名！

天才唐寅认真起来效率惊人，弘治十一年（1498 年），他一举考中省状元，随后顶着偶像光环启程去北京接受下一轮考试，路上遇到了一个同为考生的富二代徐经。

唐兄，你是我的偶像啊，咱俩顺路一起进京吧！五星级大酒店、山珍海味都给您安排上！
徐经
看在你这么懂事的分儿上，我就交你这个朋友吧！

二人信心满满地参加北京举办的科举会试，结果居然同时落榜，还连同考官一起被关进监狱，据说是因为徐经和唐寅的试卷答案很相像，而且都拿了高分。

徐经那么有钱，一定花钱买答案了！
唐寅那么有才，一定有考官给他泄题！
科举考试敢作弊？都给朕捉起来！

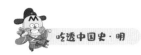

结果就是，主考官程敏政被迫辞官回家，唐寅、徐经被贬为吏，而且终生不能再参加科举考试。

姓徐的，你是不是买考题了？坑我啊！
我没有！一定是你名声太大得到考官赏识，就给你泄题了！
最冤的应该是我吧！嘤嘤嘤！
程敏政

落魄的唐寅回到家乡后还被新婚妻子抛弃了，随后他就开始了花天酒地混日子的生活，天才神童最后成了一个浪荡才子兼书画艺术家。

别人笑我太疯癫，我笑他人看不穿。
不见五陵豪杰墓，无花无酒锄作田。

除了唐伯虎外，弘治年间还有数不胜数的文学家、画家、诗人，文学史上著名的复古流派代表前七子大多活跃在这个时期，其中的代表人物李梦阳就在朱祐樘的朝廷做官。

文学、诗画盛行，当然是因为经济繁盛，社会稳定啊！
李梦阳

朱祐樘统治时期，政治清明，边疆稳定，国库充盈，人口逐年增加，百姓安居乐业，后世称这一时期为“弘治中兴”。

弘治中兴

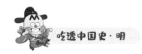

缔造了盛世的好皇帝朱祐樘，因为长年累月加班加点地工作，最终拖垮了自己的身体。

喀喀喀！你们都是朕的好助手，太子虽然聪明，但是贪玩，你们要好好辅佐他！
遵命！

弘治十八年（1505 年），一代明君朱祐樘驾崩，年仅三十五岁，他唯一在世的儿子朱厚照继位，时年十四岁。

明武宗
朱厚照
做了皇帝，是不是就没人能管我了？

发明家皇帝

国外的一些学术资料，比如伦敦罗宾逊出版社出版的《发明大全》认为，世界上第一把牙刷是由明朝皇帝明孝宗朱祐樘在弘治十一年（1498 年）发明的，方法是把短硬的猪鬃插进一支骨制手把上，用于清洁牙齿。这是已知最早的牙刷。

作为一个讲卫生的皇帝，清洁牙齿理所应当。只有牙齿干净，朕的微笑才更加自然！
专利

朱厚照

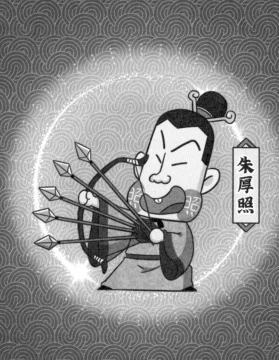

第十二章　玩主皇帝

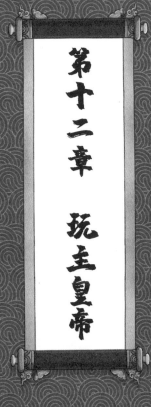

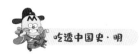

因为朱祐樘的童年比较凄惨，所以他十分溺爱儿子朱厚照，对他从不打骂，朱厚照也因此疏于管教，十分贪玩，属于标准的皇家公子哥。

这孩子可是朕的命根子啊！含在嘴里都怕化了！
朱祐樘
朱厚照

朱厚照从小十分聪明，书本上的知识一点就通，还十分擅长骑马射箭，文武双全。

皇上，太子读书一目十行，还会举一反三，是个小天才啊！
宝贝儿子真是朕的骄傲啊！

因为朱祐樘工作繁忙，于是就在朱厚照身边留了八个太监陪伴他，这些宦官天天带着朱厚照玩游戏，结果朱厚照沉迷其中，学业渐渐荒废。

太子殿下怎么又不上课呀？
算了吧，皇上都不管，我们臣子更管不了啊！

朱厚照从小没什么朋友，所以他十分喜欢身边这八个宦官。这些宦官以刘瑾为首，陪朱厚照玩只是为了自己的前途。

皇上就这一个儿子，把他哄好了，等他登基的时候我们也就发达了！
刘瑾
太子！我们今天再玩一个新游戏！

皇宫里的人给这八个宦官起了一个响亮的绰号：“八虎”。

八虎
魏彬
高凤
丘聚
罗祥
谷大用
马永成
刘瑾
张永

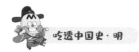

弘治十八年（1505 年），朱祐樘驾崩，年仅十四岁的朱厚照继位。

天老大，皇帝老二，天下已经没人能管陛下您啦！
就是说我……哦不，朕彻底自由啦！哈哈哈！

朱厚照即位以后，马上给身边没有任何才华，只知道陪他玩的“八虎”全都封了官。

先皇让我亲近忠臣，这些宦官陪伴我多年从未离去，难道还不够忠诚吗？
照
照

从此“八虎”更加肆无忌惮，天天怂恿朱厚照消极怠工，变着花样带他玩。

今日节目单
玩

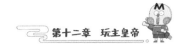

另一边，以刘健为首的大臣们纷纷告诫朱厚照要好好学习、好好工作。

学
今日课程表
刘健

刚做皇帝的朱厚照一时也没了主见，在大臣和宦官的主张前摇摆不定。

朕喜欢看比赛！来吧，你们谁打赢了朕就听谁的！
要解放天性做自己！
要好好学习做明君！

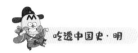

第一回合：内阁大臣刘健、谢迁、李东阳号召朝中大批官员联名给朱厚照写信，说了很多“八虎”的罪名，朱厚照决定杀掉“八虎”。

“八虎”的人缘这么差？看来他们人品确实有问题，那就杀掉吧！

第二回合：“八虎”见整个朝廷的大臣都想要他们的性命，于是展开反击，方法就是大半夜跑到朱厚照的卧室围着他哭，不让朱厚照睡觉。

皇上啊！大臣想杀掉我们，就是想限制您的自由，没了自由，您得多痛苦啊！嘤嘤嘤！
嘤
嘤
嘤
嘤
嘤
嘤
嘤
嘤
照
这是给朕哭丧吗？算了，不杀你们，让朕睡觉吧！

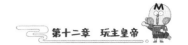

见朱厚照非但没有杀掉“八虎”，反而给他们全都升了官，内阁大臣刘健、谢迁气得直接辞职回了家，只有李东阳留了下来。

我们在皇上的心中居然还不如几个宦官，好伤心啊！嘤嘤嘤！
靠哭都能赢我们？真是气死人啦，老夫不干了！
谢迁
刘健

在文官和宦官的这场对决中，“八虎”赢得了胜利，观众朱厚照几乎把朝廷中最重要的职位全都分给了他们，从此“八虎”变得更加不可一世。

张永
禁军
神机营监军
魏彬
禁军
三千营监军
咱家让你们知道，什么叫如虎添翼，什么叫王者归来！
马永成
东厂提督
刘瑾
司礼监
太监
谷大用
西厂提督

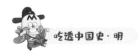

刘瑾成为朱厚照的贴身助手后，为了控制朝政，每次都趁朱厚照玩耍的时候给他送奏折。

皇上，有文件需要您批一下！
朕用你就是让你替朕干活的！以后工作上的事别来烦朕，你来帮朕办公！

就这样，刘瑾顺利干起了皇上的工作，他一边将反对自己的朝臣定罪，另一边又提拔自己的亲信一千五百余人，朝廷中正直的官员被动刑、贬官、流放，被刘瑾的手下取而代之。

名为太监，实为皇上。太爽啦！哈哈哈！
嚣
张

另一边，没有了工作束缚的朱厚照彻底放飞自我，他在皇宫里设置商业街，让宦官扮演百姓商户，让宫女扮演青楼女子，自己做导演兼男主角。

皇上已经准备好啦，其他各部门就位，演员准备！《大明朱朱侠》第一幕开拍！
照
照

在宫里玩腻了，朱厚照就换身衣服溜出皇宫，在北京城里闲逛，看谁家宅子豪华，就闯进去蹭吃蹭喝，据说临走还会象征性地付钱。

吃惯了皇家御膳，偶尔吃顿家常菜还真是别有滋味呀，哈哈哈！
这位兄台，你确定不是走错家门了？
照

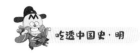

正德二年（1507 年），朱厚照亲自主持设计，在紫禁城西北边修建了自己的专属游乐园：豹房。这项工程历时六年，建了二百多间房，工程造价二十四万余两白银。

明
房豹

据说在豹房里，野生动物园、运动场、青楼、赌坊、高端饭店一应俱全，还包含各种娱乐设施，朱厚照在这里流连忘返，不久后就带着妃嫔、歌舞伎和干儿子们一起住了进来。

以后这里就给你们当宿舍啦！朕会常去找你们串门的！
感谢皇上给我们提供的十星级度假村！

皇帝朱厚照忙着在豹房娱乐，让大宦官刘瑾处理国事。他自己虽然是文盲，但是却有很多有文化的小弟给他念奏折，当时的内阁、锦衣卫、吏部、兵部官员，大部分都是他的亲信。

刘公公，南方又闹灾荒了，需要朝廷赈灾！
先让灾民给咱家二十万两白银，然后咱家再出十万两给他们赈灾，哈哈哈！

朱厚照重新开设了西厂后，刘瑾又给自己弄了一个专属特务机构：内行厂。从此大明的冤假错案层出不穷。

四个特务机构！不给他们钱就乱抓人，还让不让我们活了呀！
当官的都过不下去了，那我们老百姓岂不是更惨啊！嘤嘤嘤！

刘瑾专属的内行厂除了监督大臣、百姓外，还有监督同行的特权，东厂、西厂、锦衣卫都在内行厂的监督下，刘瑾的嚣张跋扈引起了“八虎”其他成员的不满。

特务监督特务，好有趣啊！哈哈哈！
大家都是厂长，刘瑾凭什么可以监督我们？
大家都是“八虎”成员，凭什么只有他虎虎生威？

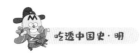

正德五年(1510年)，安化王朱寘(zhì)鐇(fán)在宁夏叛乱，朱厚照派三边总制杨一清平叛，让宦官张永负责监军，杨一清知道张永和刘瑾不合，于是打算配合张永除掉刘瑾。

外面的叛乱解决了，但是朝廷里的刘瑾祸国殃民，公公要不要帮忙除掉他？
咱家早就看他不爽了，你把他的罪状拿来，咱家去皇上面前告他！
杨一清
张永

朱厚照因为贪玩，并不知道刘瑾打着他的名号干坏事，在张永把刘瑾干的坏事全都告诉朱厚照以后，朱厚照十分愤怒，直接杀掉了刘瑾。

陪皇上玩耍了这么多年，他竟然说翻脸就翻脸啊！嘤嘤嘤！

祸国殃民的刘瑾虽然死了，但是这丝毫不影响朱厚照继续玩乐的心情，他还有一个爱好，就是收干儿子，只要是哄他开心的人，朱厚照就赐姓“朱”。到公元 1512 年，他收了一百二十七个干儿子。

以后你们就姓朱了！叫爸爸！
爸爸
爸爸
爸爸

有一次，朱厚照在豹房和老虎决斗的时候，被一个叫江彬的武将给救了，于是江彬就成了朱厚照的干儿子，也是他身边最亲近的人。

哇，这个人连老虎都能对付，好厉害，以后就让他陪朕玩吧！
江彬

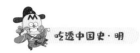

江彬给朱厚照讲了很多他当年打仗的事情，又怂恿朱厚照去大明边境游览观光。

皇上，边境可好玩了！打仗更好玩！
这么刺激吗？朕已经迫不及待想去看看啦！

正德十二年（1517 年）的一天，朱厚照换上百姓的服装，悄悄溜出了皇宫，然后骑马冲出了北京城，直奔居庸关，居庸关守将死活不敢放朱厚照出关。

老天爷啊，我没做梦吧？皇上要去鞑靼人的地盘玩？这要是出点意外，我就是死罪啊！

吃了闭门羹的朱厚照只好打道回府，但他并不甘心，半个月后，朱厚照再次偷偷跑出了北京城，这次竟然顺利通过了居庸关。

居庸关
朕略施小计，下旨把居庸关的守将换成了听话的宦官，朕真是太有才啦！

朱厚照终于来到了梦寐以求的边境重镇宣府，而江彬早早就在宣府给朱厚照建了一座游乐场，堪称小豹房。

宣府真是太好了，就像家一样温暖呢！
皇上开心就好！明天我们换个地方玩。

不久后，鞑靼部首领小王子率军五万进攻大明，朱厚照听说后大喜过望，直接来到最前线阳和，还给自己封了个武将官衔，命令朝廷给自己开工资。

朕封自己为总督军务、威武大将军、总兵官、镇国公，告诉户部要按时给朕开工资哦！
给皇上开工资？您不是在开玩笑吧？

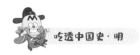

几天后，鞑靼五万大军打了过来，朱厚照调兵遣将，亲自指挥大军和鞑靼人战斗了五天，这一战明军阵亡五十二人，杀敌十六人，鞑靼军撤退。

这么傲人的战绩！皇上您真是个名将啊！
必须的！本将军还亲手杀敌了呢！

朱厚照在边关玩了一段时间后，在内阁首辅杨廷和的劝说下，终于回到了北京。

杨大人，满朝文武，皇上也就能听您的话啦！
毕竟我是他的老师嘛！
杨廷和

内阁首辅杨廷和，十二岁通过省里的乡试，十九岁通过朝廷的会试和皇帝的面试，这在当时是不得了的成绩，是天才中的天才。

苦读五十年，第十次乡试终于通过，老朽也是举人啦！欸？你是谁家的孩子？
科兴榜
我叫杨廷和，也是举人，今后咱们就是同学啦！

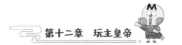

朱厚照还是太子的时候，杨廷和就做了他的老师。正德七年（1512 年），杨廷和成为内阁首辅，朱厚照虽然不爱听他的唠叨，但是却离不开他。

杨老师工作能力太强，有他在，朕就能少干点活，哈哈哈！

在朱厚照玩得正兴起的时候，远在江西的宁王朱宸濠正在造反。他招兵买马、结交人才，还聘用了整日混迹青楼的大才子唐寅。

殿下真是慧眼识珠，我唐寅一身才华无处施展。
那你帮我把朱厚照干掉？
唐寅
朱宸濠

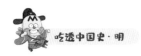

本以为找到了正经工作的唐寅这才知道自己上了贼船，无奈只好靠装疯让朱宸濠放他回乡，落寞的唐寅回乡后靠卖画或是写墓志铭为生，于五十四岁时病逝。

笑舞狂歌五十年
花中行乐月中眠

朱宸濠虽然失去了唐寅，但是手下也有不少“人才”，其中大多数都是流民盗匪，他还招募李士实、刘养正为军师。

殿下，我们两个人堪称您的“卧龙”“凤雏”啊！
夺取天下指日可待啊！哈哈哈！
刘养正
李士实

在朱宸濠积极筹备造反的时候，朱厚照已经在北方玩腻了，要去南方玩，这个决定遭到了全体大臣的强烈反对。

朕要去山东旅游，你们给朕准备一下！
绝对不行！

大臣们为了劝阻朱厚照南下，说了一些不中听的话，朱厚照一生气，下旨处罚了一百零七个大臣，同时也放弃了南下的想法。

你们接下来的工作
就是在这里跪着，
连跪五天！

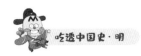

朱厚照一直想找个好借口顺理成章地去南方游玩，不久后，机会来了。正德十四年（1519 年），宁王朱宸濠在江西起兵造反，他的祖上就是当年陪着朱棣造反的宁王朱权。

当年朱棣不讲信用，说好的平分天下变成了就藩江西，我要为先祖讨个公道！

得知南方的宁王造反，朱厚照开心极了，当即决定御驾亲征。

朕正无聊呢，宁王给了个大惊喜。朕要御驾亲征，顺便去南方旅游，哈哈哈！

朱厚照自封大将军，正准备带着大军出发的时候，竟然收到了“叛乱已经被镇压，宁王被生擒”的捷报，捷报署名：王守仁。

这个叫王守仁的怎么这么喜欢多管闲事！真是气死朕啦！
王守仁

王守仁，号阳明，浙江余姚人，思想家、文学家、军事家、教育家。

低调，其实我就是个
平平无奇的偶像。
王守仁

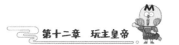

王守仁从小就特别有个性，同学们都看四书五经准备科举，他却只爱看些课外书，尤其是兵法，同时他还十分热爱体育活动，射箭堪称一绝。

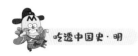

十五岁的时候，王守仁跟着做官的父亲王华来到边塞，经常偷偷跑到鞑靼人的地盘旅游探险。

塞外的风景真是太好了，长见识啦！

天资聪慧的王守仁一边实践一边学习，年仅二十七岁就考中进士做了官，平时十分喜欢谈论军事。

我以前去过鞑靼人的地盘，这座山的位置不对，得改一下！
这位大人，请问您是哪个部门的？

后来，王守仁还给皇帝写信，说了他对边防的建议，当时的皇帝朱祐樘爱惜人才，就把他调到了兵部。后来朱厚照即位，王守仁因为得罪刘瑾，挨了一顿打后，被发配到了当时的蛮荒之地贵州龙场，做了一个没品的官员。

贵州龙场

当时的贵州龙场到处都是盗匪，还有很多落后的部落，身为朝廷的官员，王守仁按照当地的风俗习惯来教部落里的人学习文化知识，各个部落的人都很感激他。

王先生教我们学习，我们帮王先生修房子！
龙场
招
待所
晚上还有王大人的课要上呢，加快速度！

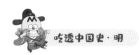

王守仁一直喜欢研究哲学，从小就在寻求世间的真理，在贵州龙场工作期间，他终于领悟了自己的“道”，开创了对后世影响深远的“心学”，史称“龙场悟道”。

龙场悟道
我顿悟啦！原来世间的真理就在每个人的心中！

后来王守仁有了很多追随者，他的“心学”传播到了世界各地，被很多哲学家、军事家奉为经典，他本人也被誉为“圣人”，和孔子一起受后世敬仰。

知行合一

这个叫王守仁的文官用兵好诡异，不按常理打仗，我们真是怕了你啦！嘤嘤嘤！
和王大人作对是你们此生做的最愚蠢的决定！
在刘瑾死后，王守仁重新做官。正德十一年（1516 年），王守仁奉命征讨活跃在江西的各路盗匪，他用兵如神，百战百胜，在一年之内平定了上百股盗匪，斩杀、俘获一万多人。

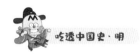

后来，躲在山里的盗匪只要听说王守仁要打他们，就直接出来投降了，他也被人奉为“神”。

嗯？我还没出手，怎么就赢了？
反正也打不过，比起被王大人折磨死，还不如早点投降呢！

正德十四年（1519 年），宁王朱宸濠率叛军高歌猛进，攻下了很多城池，王守仁孤身一人号召朝廷的残兵发起反抗，最终只用了一个多月就彻底击败叛军，生擒了朱宸濠。

本王坐拥十万兵马，你一个文官是怎么打败我的？
我只是用了釜底抽薪计、反间计，还有忽悠计，哈哈哈！

得知叛乱已经平息的朱厚照失去了南下的理由，于是封锁了叛乱平息的消息，继续南下游玩，到达南京见到了俘虏——宁王朱宸濠。

给他松绑，然后再重新绑一次，这就算是朕亲手平定的叛乱啦！哈哈哈！
王守仁玩我，你也玩我，我不活啦！嘤嘤嘤！

宁王叛乱平息后，朱厚照在江南游玩了一段时间，直到第二年八月才启程回北京。在归途中，朱厚照一时兴起，在清江浦的一处湖泊上捕鱼，结果船翻了，不会游泳的朱厚照不慎落水。

快来救朕啊！这湖里的水好难喝呀！

落水的朱厚照虽然获救，但是也因此生了病，身体越来越差，半年后更是一病不起。正德十六年三月（1521 年 4 月），朱厚照向内阁大臣杨廷和等人交代后事，第二天在豹房驾崩。

这些年朕确实做了很多错事，今后大明的命运就由太后和你们几个商量着办吧！

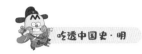

朱厚照虽然是一个贪玩的皇帝，但是他并没有大肆杀戮忠臣，而且在很多大事上都做出了正确的决定，是一个喜欢打破常规，追求随心所欲的皇帝。

原谅朕这一生放纵不羁爱自由吧！
照
照

皇帝驾崩，就得有继承人，朱厚照虽然有很多的妃嫔和民间的女朋友，但他却没有留下一个儿子，在内阁首辅和王太后商议之下，决定让朱厚照的堂弟，湖北兴王朱厚熜（cōng）继承皇位。

啥？一觉醒来，我一个藩王成了皇帝了？
朱厚熜
熜
熜

大明趣事小谈

禁食猪肉

正德十四年（1519 年），朱厚照下旨禁止吃猪肉，也不准百姓养猪，不服从这项命令就要被充军，一是因为“朱”与“猪”同音，朱厚照听着别扭；二是朱厚照本人属猪。那个时候猪肉是主流肉食，禁猪令一下，百姓基本就失去了吃肉的机会，后来在内阁首辅杨廷和的劝说下，他才取消了禁猪令。

皇上，红烧肉、东坡肉、猪肉脯什么的多好吃，您不能因为自己姓朱、属猪就不让大伙吃猪肉吧？
好了好了，你别啰唆了，朕让你们吃就是了！
杨廷和
照
照

朱厚熜

第十三章　修仙帝王

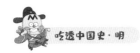

一生追求自由的朱厚照没有儿子，但老朱家在全国各地有数不清的王室后代，在他驾崩前几天，首辅杨廷和与太后商议决定，让朱厚照的堂弟兴王朱厚熜继位。

都说皇帝最大，我能决定谁当皇帝，那我的权力有多大？哈哈哈！
杨廷和

正德十六年三月十四日（1521 年 4 月 20 日），明武宗朱厚照驾崩，杨廷和派人到湖北安陆迎接时年十五岁的兴王朱厚熜，快到北京城的时候，朱厚熜却拒绝入宫即位。

兴王殿下，按照规矩，您应该以太子的身份从东安门进宫即位。
我才不做太子，我要以皇帝的身份进宫，不然我就回老家。
朱厚熜

在皇太后的妥协下，朱厚熜如愿从大明门以皇帝的身份进入朝廷即位，还给自己选了个喜欢的年号：嘉靖。

皇上，我们还是觉得绍治这个年号更好！
朕不要你们觉得，朕要朕自己觉得！以后朕的年号就是嘉靖！
绍治
嘉靖

根据当时的规矩，藩王当皇帝必须改认之前的皇帝当亲爹，朱厚熜的亲生父亲兴献王朱祐杬已经去世，但是朱厚熜十分孝顺，不想认别人当亲爹，于是就和一众大臣展开了一场主题为“朱厚熜应该认谁当爹”的辩论，史称“大礼议”。

大礼议
我方几百人一致认为，皇上应该认大伯朱祐樘当亲爹，把原来的藩王亲爹当叔叔！
认亲爹辩论
我方只有一人，你……你们仗着人多欺负朕啊！嘤嘤嘤！
正
正
反

不久后，朱厚熜迎来了帮手，有一个叫张璁的官员高调支持朱厚熜。张璁是一个刚刚入职礼部的实习小官，他曾经参加过七次科举，全部落榜，好不容易考上进士的时候已经四十多岁了。

皇上！天下哪有不让儿子认亲生父亲的说法，我支持皇上！
支持
张璁

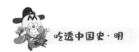

张璁虽然考试能力很一般，但是对于古代的各种礼仪十分熟悉，他凭借一己之力和杨廷和等大臣争吵了起来。

我十九岁中进士，你四十六岁才中进士，我是首辅，你是个打杂的，你拿什么和我辩论？！
我有皇帝当靠山！你没有！

正德十六年十月己卯（1521 年 10 月 30 日），朱厚熜不顾群臣反对，以张璁提出的“继统不继嗣”的理论为依据，追尊自己的生父兴献王朱祐杬为兴献帝，生母为兴献后。

朕是皇帝，朕的亲爹也必须是皇帝，你们不同意就去和朕的代表张璁理论吧！

嘉靖二年（1523 年），张璁建议朱厚熜给藩王父亲的称号提升一下等级，追认皇考[①]，另一边追认大伯朱祐樘为皇伯考，目的就是让他们变成同一个级别。

皇上，臣觉得您给父亲的称号还不够响亮啊！
朕也是这么想的，大臣们肯定不同意，你来帮朕吵架吧！

①皇考：皇帝故去的父亲。——编者注

张璁进宫以后，再次和朝臣展开骂战，因为张璁吵架能力很强，加上有皇帝支持，朝廷大臣败下阵来。

大礼议
最佳辩手
辩论赛
辩论赛

大臣们不甘心辩论失败，在杨廷和之子杨慎的号召下，两百多位大臣一起跪在朱厚熜门口开始哭，从早上到下午，一边拼命凿门，一边拼命哭号。

大家跟着我的节奏一起来，都大点声！一、二、三，嘤！嘤！嘤！
请皇上收回成命，藩王和皇帝不能是一个等级啊！嘤嘤嘤！
杨慎

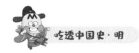

朱厚熜对这种集体哭丧的行为忍无可忍，将五品以下一百多个大臣捉了起来，并且施以庭杖的刑罚。

朕忍不了这群哭丧的啦！给朕打！一个都不要放过。

几天后，十六个大臣被活活打死，带头的杨慎被流放到了遥远的云南，但他却最终成为一代文豪。

滚滚长江东逝水，
浪花淘尽英雄。
是非成败转头空。
青山依旧在，
几度夕阳红。

嘉靖初年，朱厚熜虽然因为亲爹名分的事情和大臣们争得不可开交，但是却并没有耽误治理国家。

国家该治理就治理，父亲的名分该争就争，咱们公私分明！
这点您放心，不会因为和您吵架就耽误工作的！

朱厚熜即位不到一个月就拆掉了朱厚照的“娱乐会所”豹房，曾经在那里工作的人员全部遣散，动物园里的野生动物全部放生，同时处死了朱厚照宠信的奸臣江彬和钱宁，一时之间大快人心。

豹房
刚工作没几年，这就失业了，嘤嘤嘤！
豹子没法驯了，还是回大街上耍猴吧。

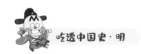

朱厚熜吸取以前皇帝的教训，极力避免宦官专政，大大削弱了宦官的势力。他裁撤了大明各地所有有军权的太监，并且对宦官进行考察，有几个被查出重罪的宦官还被鞭子活活打死。

现在我们宦官可真是大气都不敢喘一口啊！
皇上的鞭子太厉害了，以后得夹着尾巴啦！嘤嘤嘤！

当时很多权贵非法侵占了农民的土地，农民失业以后就成了流民，朱厚熜下旨让权贵把土地还给农民，这有效促进了社会稳定。

朝廷把土地还给我们，再也不用饿肚子啦！
农民
到手的鸭子都飞啦，气死我啦！
权贵

此时朱厚熜尽显明君风采，但是好景不长，已经是天下之主的朱厚熜有了更高的追求：长生不老。具体方法就是封建迷信，搞仪式、吃仙丹、念咒语。

朕欲成仙，快乐齐天呀！
熜
熜

迷上修仙以后，朱厚熜就不太认真工作了，皇帝的好多工作让大臣代劳，大臣们谁也不服谁，开始了朝堂内的龙争虎斗。

皇上忙修仙，我们闲着也是闲着，不如来个良性竞争？
好啊！谁怕谁，放马过来！
VS

大臣们在各种问题上吵得不可开交，但是聪明的大臣都清楚，获胜的关键在于能不能让皇帝开心，张璁就因为帮助皇上保住亲爹当上了首辅，但朝廷里很多人并不服他。

张璁考试成绩那么差，也没有经过投票，凭什么当首辅！
说好的良性竞争，其实是去讨好皇上，可耻！

因为被同事排挤甚至谩骂，张璁也曾编造各种罪名，排除异己，打击报复。

我的厚脸皮是铁打的！你们随便骂！我让你们全都失业回家！
张璁

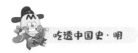

不久后，首辅张璁迎来了一个劲敌。有一个叫夏言的官员在皇帝祭祀天地的礼仪问题上和张璁产生分歧，张璁就打算除掉夏言。

夏言对礼仪研究很深啊！张璁你得多跟人家学习！
哼哼！张大人，别以为就你会讨好皇帝。
夏言
我就是靠着讨论礼仪起家的，这个新来的给我等着！

不久后，张璁仗着皇帝信任自己，于是就想借朱厚熜的手除掉夏言，但是这伎俩却被朱厚熜识破了，张璁至此也失去了朱厚熜的信任，不久后便辞职回家了。

这个张璁竟然敢利用朕，还拿朕当枪使，朕最讨厌自作聪明的人！

很快，夏言成了朱厚熜最信任的大臣，他不但人长得帅，而且普通话说得好，但同时也因过于清高傲慢，得罪了很多人。

夏大人生日快乐！祝您……
停！说是祝我生日快乐，实际是想拜托我帮你升官是吧？没门！

正直的夏言击败张璁以后，又先后在与礼部尚书霍韬、武定侯郭勋之间的争斗中获胜，不久后，大臣严嵩又向他发起挑战。

还有完没完？
不把你斗下去，我怎么升官啊？
严嵩

严嵩是夏言的下级，年轻的时候本是一个正直的好青年，但是因为多年得不到重用，他变成了一个坏人。

别和我聊青春，现在的我只想要利益！

严嵩一开始讨好夏言，夏言不搭理他，他就又去讨好皇帝朱厚熜。

升官发财分两步，不要脸，抱大腿。
熜
熜

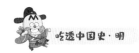

嘉靖十七年（1538 年），朱厚熜打算把父亲兴献王的牌位供奉到太庙，因为兴献王没当过皇帝，依照礼仪这种做法是绝对不被允许的，但反对声中有一个人最后表示同意，就是礼部尚书严嵩。

皇上真是大孝子，臣举双手双脚支持您！
礼部尚书是礼仪专家，他都这么说了，其他人就给朕闭嘴吧！
熜
熜

严嵩因为这件事得到了朱厚熜的认可，同时也被朝廷内所有人排挤、谩骂。

为当官不择手段！
没底线没原则！
小人！奸佞！
哼！我脸都不要了，还怕你们骂？

得势以后的严嵩干的第一件事就是贪污，明目张胆地贪污，好多人都告发严嵩贪污的行径，但是朱厚熜却把这件事当耳旁风。

贪污就贪污吧！贪的又不是朕的钱，只要他乖乖当朕的跟班，想怎么贪就怎么贪。
熜
熜

严嵩很会讨好朱厚熜，而且无下限，有一次，痴迷修仙的朱厚熜亲手做了几顶沉水香叶冠送给夏言和严嵩。

两位爱卿，这是朕亲手做的修仙道具，快戴上沾点仙气儿！
皇上这帽子真好看，臣要天天戴着它，谢皇上隆恩！
封建迷信的东西，臣才不要呢。
熜

嘉靖二十一年十月（1542 年 11 月）的一天夜里，朱厚熜正在睡觉，十几个宫女悄悄潜入他的卧室，拿出绳子就要勒死他，但是宫女把绳子系成死结用不上力，等到皇后带着侍卫赶来，朱厚熜才幸免于难。经过审讯，参与这件事的宫女和妃嫔全部被处死，史称“壬寅宫变”。

壬寅宫变
熜
全部给我处死！

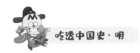

壬寅宫变给朱厚熜造成了极大的心理阴影，从此他搬出后宫住进了西苑，更加沉迷于修道，而且再也不上早朝了。

朕差点被迫驾崩，一定是大罗神仙觉得朕修行还不够专心，朕再也不办公啦！
熜
熜

为了迎合朱厚熜，严嵩也来到了西苑办公，还给自己在西苑弄了个宿舍，天天住在那里，给人一种勤奋工作的错觉，实际上什么正事也没干。

是不是在工作不重要，只要让领导看见我在加班就行！

嘉靖二十三年（1544 年），陕西总督曾铣上书，请求朱厚熜支持他收复被鞑靼人占据的河套地区，夏言觉得这件事靠谱就表示支持，严嵩利用这件事向朱厚熜告状，诬陷夏言和曾铣合谋造反。

皇上，带兵的边境将领和内阁首辅关系这么好，里应外合……细思极恐啊！
你说的有道理！他们两个必定图谋不轨！
熜
熜

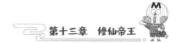

嘉靖二十七年（1548 年），夏言被斩首，严嵩成为内阁首辅，权倾朝野。

还有完没完?
内阁
首辅

朱厚熜极其精明，虽然大臣们斗得死去活来，但是他这个皇帝却能一直我行我素，不受任何人牵制，还会主动挑起大臣的纷争来达到自己的目的。

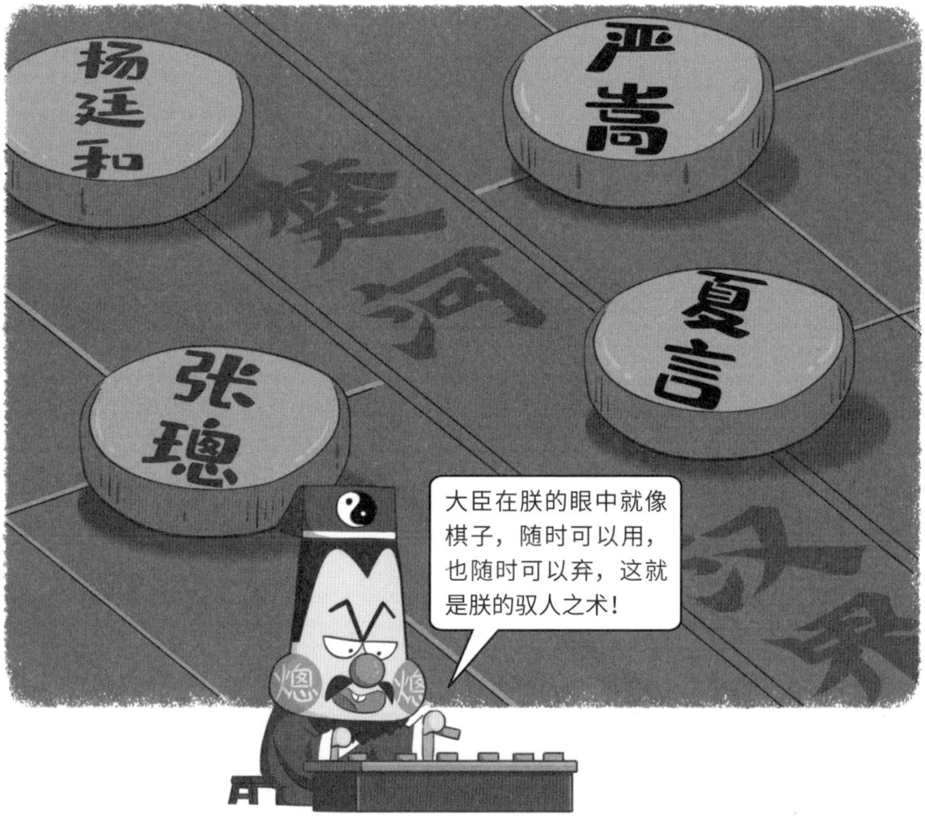
杨廷和
严嵩
夏言
张璁
大臣在朕的眼中就像棋子，随时可以用，也随时可以弃，这就是朕的驭人之术！
熜
熜

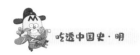

朱厚熜确实是一个很有心计、十分聪明的皇帝，虽然他专心修仙，但是朝堂里发生的一切他都了如指掌，因为有锦衣卫都指挥使陆炳一直给他提供各种情报。

皇上您就放心做您喜欢做的事情，外面的新闻臣一定第一时间向您汇报！
咱们在兴王府一起长大，是发小，朕信得过你！
陆炳
熜
熜

严嵩为了稳定自己的官位，毫无底线地支持朱厚熜修仙，他拿国库里的钱大兴土木，给朱厚熜修建修仙的宫殿，朝廷里的钱花完了，就搜刮百姓。

修这座宫殿的钱我就留下一半算辛苦费吧！哈哈哈！

有其父必有其子，严嵩有一个儿子叫严世蕃，绝顶聪明，情商极高，善于揣摩人心，能力远比严嵩要强，但是他极度嚣张自负，才能全都用在了干坏事上。

天下第一鬼才
严世蕃

严嵩当上首辅的时候已经快七十岁了，而且忙着讨好皇帝，精力有限，好多工作都让儿子严世蕃协助处理，父子二人联合，陷害忠良、提拔奸佞、收受贿赂、祸国殃民。

狼狈为奸
整人亲兄弟！
搞钱父子兵！

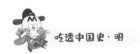

嘉靖二十九年（1550 年），鞑靼部首领俺答进攻大明重镇大同，严嵩提拔的武将仇鸾无能，面对进攻的敌人不敢抵抗，反而拿钱贿赂俺答。

这些钱是小弟的心意，您还是换个地方打吧，那样我就不用担责任了！
你小子还挺懂事嘛，那我就不打你负责的地方啦！
俺答

俺答收了钱还是很讲信用的，果然没有再进攻大同，而是直接进攻怀柔、顺义等地，接着绕着北京城周边烧杀抢掠了一圈，最后住在了通州。

不打武将负责的大同，那就打皇帝负责的北京！

事态紧急，严嵩为了逃避责任，就开始忽悠朱厚熜。

什么？鞑靼人打到北京城下了？
皇上淡定！城外不是鞑靼人，只是几个强盗，等他们抢完就走啦！

严嵩作为内阁首辅，眼睁睁地看着鞑靼骑兵大摇大摆地在京城周边抢了好几天，等到大明援军来的时候，鞑靼已经带着大批明朝百姓和无数金银财宝走了，史称“庚戌之变”。

庚戌之变
头一次这么轻松地抢劫，还是在大明都城门口。
这次收获真多！回家庆祝去喽！

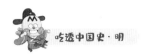

朱厚熜为了修仙，十几年没有正经处理国事，加上严嵩等奸臣的祸害，大明内忧外患不断，带兵的武将克扣军饷，导致军队兵变，还有流民造反、鞑靼入侵，沿海地区也常常出现倭寇袭扰。

首辅大人，天下很乱，您拿个主意吧！
再忍忍！眼睛一闭一睁，一天就过去啦！

此时，世界正处于大航海时代，西班牙、葡萄牙的航海船队活跃在世界各地，其中也包括大明周边的海域，据传玉米就是在这个时期从美洲传入中国的。明代最早关于玉米的记载在嘉靖三十年，云南给朝廷进贡了玉米，当时对玉米的称呼是玉蜀黍。

玉蜀黍
这个东西晶莹剔透，又甜又糯，真是太好吃啦！
这东西像玉一样有光泽，我们当地都叫它怪蜀黍，哦不，是玉蜀黍！

嘉靖三十二年（1553 年），葡萄牙人通过贿赂欺骗广东的官员，趁机入住澳门。

我们只想借一块地方晾晒货物，请您行个方便！
你们这些蛮夷还挺懂事，我就答应你们吧！

嘉靖三十四年（1555 年），几十个倭寇从大明沿海入侵，在各地烧杀抢掠了八十多天，击溃明朝地方军队几千人，后来这伙倭寇居然直接打到了南京城下。

少吹牛，你们这些倭奴只会偷袭，有本事和我们正规军正面打！
我们都是身经百战的高手！你们太弱啦！

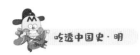

最终这伙倭寇被武僧组成的僧兵灭了个干净。

听说你们是高手？
饶命啊，我想回家吃生鱼片，嘤嘤嘤！

明朝自建立以来，沿海地区就总有倭寇闹事，嘉靖朝时期之所以闹得这么厉害，其中一个原因是明朝商人汪直在推波助澜。他是一个走私商人，做国际贸易，但是明朝的海禁政策让他十分苦恼，他一直想打开大明的海港。

汪直
西班牙、葡萄牙的船队做生意赚翻了，大明再不开放海禁就落后啦！

汪直通过和葡萄牙人、倭寇做军火生意，积累了巨大的财富，手下还有上万装备精良的私人军队，他还占据了日本的一块地方建立了一个小国家。日本当时处于战国时代，但是却没人敢惹汪直，反而十分尊敬他。

您能来我这儿做客，我十分荣幸啊！
我是来卖军火的，不买别废话，我去卖给其他大名。
军火

汪直有一个手下叫徐海，是一个海贼，为了发财，他联合一些倭寇进攻明朝沿海地区。加上当时日本战乱，有很多战败的日本浪人走投无路也当了海贼，据说也有不少葡萄牙、西班牙的海贼加入其中。

倭
寇

倭寇闹得越来越厉害，忙着修仙的朱厚熜都被惊动了，他派胡宗宪到浙江处理倭患。

我大明还能被小小倭奴欺负了？你去搞定他们！
皇上放心！不灭倭寇，臣誓不回头！
胡宗宪

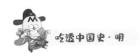

胡宗宪来到浙江以后，开始招揽人才，先后重用了将领俞大猷和戚继光，随后又招募了当时久负盛名的文人徐渭当谋士。

灭倭铁四角

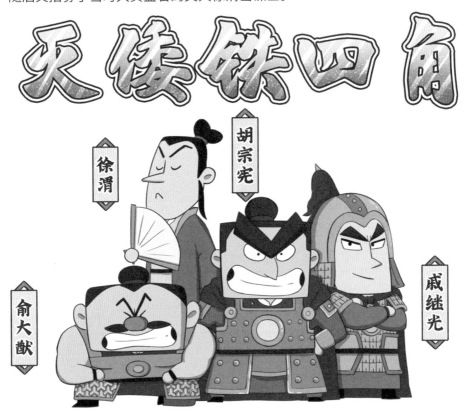

徐渭
胡宗宪
俞大猷
戚继光

胡宗宪经过分析，很快找到了倭寇横行的关键点：巨富商人汪直和海盗徐海。胡宗宪假意答应汪直开放海禁的要求，成功骗汪直上岸，又派专业打海盗的将领俞大猷灭掉了海贼徐海。

听说你想当海贼王？
不当了不当了，大明海军太厉害了！
徐海

胡宗宪本想利用汪直的水军力量平息倭寇，但是朝廷却杀掉了汪直，这导致汪直的义子毛海峰联合大批倭寇开始进攻浙江沿海地区。

大明朝廷骗杀我义父，我要为义父报仇！
毛海峰

胡宗宪的计划被打乱，只能硬着头皮和人数越来越多的倭寇正面交锋。他派俞大猷带兵进攻倭寇的据点岑港，俞大猷攻打了半年却毫无进展。

春天开始攻打，打到叶子都黄了还没打下来！
将军，岑港易守难攻，再这么下去朝廷要问责啊！

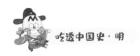

就在俞大猷急得团团转的时候，浙江参将戚继光过来增援，他们联手拿下了岑港。

年纪轻轻战斗力这么强，佩服！
哈哈哈！这不过是小试牛刀！

后来戚继光被朝廷派到台州一带抗倭，他偶然发现金华、义乌的男子十分彪悍，于是就招募了三千义乌兵，开始训练。

我看你们打架斗殴很厉害，以后就跟着我打倭寇吧！
我正手痒痒，看我们的厉害吧！

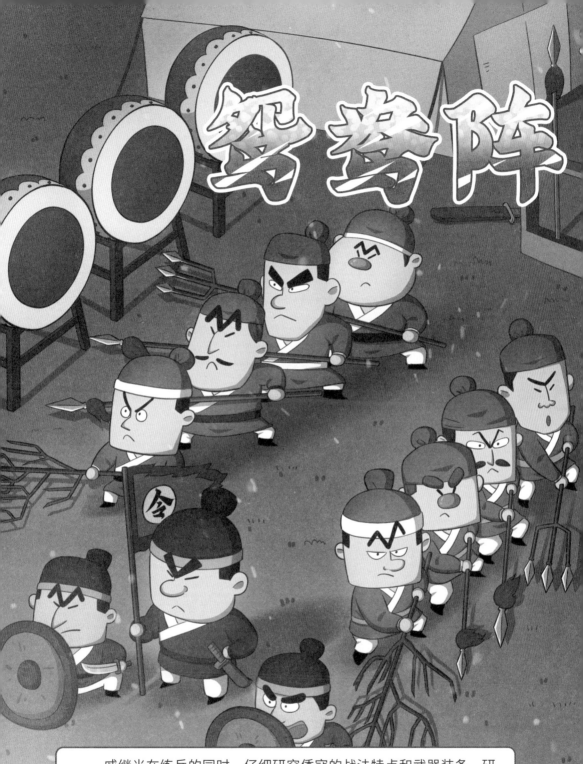

鸳鸯阵

戚继光在练兵的同时，仔细研究倭寇的战法特点和武器装备，研究出了一套专属阵法“鸳鸯阵”，就是十一人为一队，加一队长，武器有盾牌、短刀、长枪、狼筅，等等。

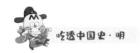

通过艰苦训练，这支三千士兵组成的军队战力极强，他们横扫台州一带的大批倭寇，有一个响亮的名称：戚家军。

戚家军
小小倭奴，就凭你们那点智慧，我就是告诉你，你也学不会呀！
这……这是什么战法？

戚继光在前线和倭寇大战的时候，倭寇趁机偷袭了戚继光后方的新河城，新河是戚继光家眷所在的地方，兵力空虚。

什么？倭寇进攻新河？那他们倒霉了！我夫人可比我厉害多啦！

戚继光虽然武功高强，用兵如神，但是十分怕老婆，他的老婆王氏是武将世家出身，十分彪悍。

敢夜不归宿？找打！
王氏
老婆手下留情，我再也不敢啦！

在倭寇进攻兵力薄弱的新河城时，王氏带领新河军民坚守城池，最后等来了戚继光的援军，倭寇溃败。

哼！老娘平时连戚继光都敢打！还怕你们这群倭奴？

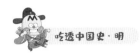

台州一战，戚继光率领三千戚家军歼灭了两万多名倭寇，被打怕了的倭寇后来只要看到戚家军的旗帜就望风而逃，浙江的倭患彻底被平定。

戚家军来啦！快跑啊！我可不想死呀！
戚
戚

戚继光把浙江的倭寇消灭干净以后，马上带着戚家军来到福建清理倭寇，依旧战无不胜。

将军，此战我军伤亡十几人，消灭倭寇两千六百人！
这次我们伤亡稍微有点大呀！

在戚继光、胡宗宪、俞大猷的努力下，扰乱大明东南沿海近二百年的倭患被彻底平定，在抗倭斗争中战功显赫的戚继光也被后世称为“民族英雄”。

虽然倭寇基本被收拾干净了，但是大明皇帝朱厚熜依旧修他的仙，首辅严嵩依旧贪他的钱。此时一个名叫徐阶的大臣得到朱厚熜的赏识，于是他成了严嵩的竞争对手。

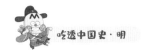

徐阶城府极深，虽然他很早就想除掉严嵩，但是因为自己实力不够所以才选择隐忍。他靠着讨好朱厚熜得到了信任以后，终于开始对严嵩发起进攻。他联合嘉靖最信任的江湖术士蓝道行，用封建迷信的方法让嘉靖不再信任严嵩。

我是仙人，你身边有一个奸臣，名字里有一个“嵩”！
这个江湖骗子演技还不错呀！
弟子明白仙人旨意，奸臣就是严嵩！

在严嵩失去皇帝信任以后，徐阶趁热打铁，将严嵩和严世蕃的罪行报告给朱厚熜，朱厚熜大怒。嘉靖四十四年（1565 年），严世蕃被处死，严嵩被抄家成为乞丐，此时徐阶已经是大明首辅。

首辅

徐阶继任首辅以后，一改严嵩时期消极怠工的工作风格，加班加点地工作，同时修正严嵩“给钱就给官”的传统，大力提拔有能力的大臣。

在我这儿，只要有能力就可以当官，不要钱！

因为徐阶工作能力突出，朱厚熜得以安心修仙，闲暇时分再吃几粒专属零食——“仙丹”。皇帝修仙不干正事，大臣们都看在眼里，但是谁都不敢劝阻他，因为之前劝阻朱厚熜的人几乎全都被处死了。

皇上天天搞封建迷信，要不你去劝劝他？
这种送死的事情你怎么不去？

不久后，一个不怕死的人出现了。嘉靖四十五年（1566 年），户部官员海瑞给朱厚熜写了一篇文章，狠狠地把他批评了一番。

气死朕啦！把这个叫海瑞的人抓起来！别让他跑了！
《治安疏》
嘉靖嘉靖
家家都穷得
干净

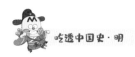

海瑞果然进了监狱，而朱厚熜每次想起海瑞骂他的内容，都气得吃不下饭。

海瑞这么骂朕，虽然该杀，可是他就像比干，朕不能当纣王啊！好纠结。
比干
商朝纣王的叔叔，忠臣代表人物之一，传说他因为直言劝诫纣王而被杀害。

最后海瑞还是活了下来，一是有首辅徐阶保护，二是因为嘉靖驾崩了。嘉靖四十五年十二月（1567 年 1 月），修仙多年的嘉靖病逝在乾清宫，据说他是因为长期服用含重金属元素的“仙丹”而被毒死的。

修仙修仙，这回朕真的成仙啦！
熜

公元 1567 年，嘉靖皇帝朱厚熜的第三个儿子朱载坖①（jì）在皇极殿继承大明皇位，年号隆庆。

明穆宗
从裕王变成皇帝，这惊喜来得好突然啊！
朱载坖

①有关明穆宗的名讳，有“朱载坖”和“朱载垕（hòu）”两种说法，本书依《明世宗实录》中记载：“上命皇第三子名载坖，第四子名载圳。”及嘉靖二十七年（1548 年）浙江布政司刊本《皇明诏令》中所录《立皇太子并封二王诏》中记载，采用“朱载坖”一说。

大明趣事小谈

嘉靖铲屎官

据说朱厚熜养了一只叫“霜眉”的卷毛猫，灰身白眉，十分可爱，朱厚熜非常喜欢它，睡觉的时候都抱着。后来霜眉死了，朱厚熜非常难过，命令大臣们写祭文。朝廷官员虽然学富五车，但是都不会给猫写祭文，后来有个叫袁炜的大臣硬着头皮写出了祭文，朱厚熜十分满意，提拔他做礼部尚书，随后下令将霜眉埋在万岁山北麓，题碑“虬龙冢”。

你这句“化狮成龙”很适合形容朕的猫咪，朕现在就提拔你为礼部尚书！
臣袁炜谢皇上恩典！
虬龙冢
熜
熜
袁炜

堉
堉
朱載堉

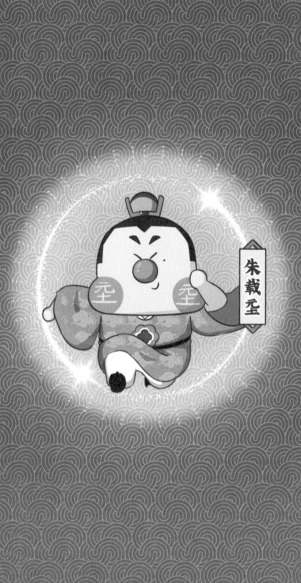

第十四章　隆庆之光

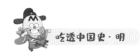

当了四十五年皇帝的朱厚熜因为修仙太过专注，驾崩的时候连继承人的事情都没提。

朕都要长生不老了，
谈什么继承人？
朱厚熜

朱厚熜的长子朱载基刚出生后不久就病逝了，后来立了二儿子朱载壡（ruì）为太子。嘉靖二十八年（1549 年），太子朱载壡在成年礼后不久突然也病逝了，从此朱厚熜再也没有立过太子，还听信江湖骗子陶仲文“二龙不相见”的说法，再也没有见过其他的儿子。

皇上是真龙，皇子是潜龙，二龙不能见面，不然会招来灾祸的！
陶仲文
太子成年礼，朕去见了他，然后他就病逝了，大师您算得真准！朕再也不和皇子见面啦！

太子病逝以后，朱厚熜只剩下两个儿子，裕王朱载坖和景王朱载圳。朱载圳一直想当皇帝，朱载坖则十分内向，似乎对皇位并没什么兴趣。

三哥，咱俩穿的衣服都是同一个规格，那是不是说我们都有资格继承皇位？
嗯……四弟你随意，我都行。
朱载圳
朱载坖

嘉靖四十四年（1565 年），景王朱载圳也去世，朱载坖成了朱厚熜唯一的儿子，但是朱厚熜还是没有立太子。

朕每天都感觉自己轻飘飘的，应该快成仙了，别拿立太子这件小事来烦朕！

嘉靖四十五年，朱厚熜修仙失败驾崩了，内阁首辅徐阶和翰林院学士张居正一起替他写了遗诏，在这封遗诏中，徐阶狠狠地把朱厚熜批评了一顿，顺便将裕王朱载坖立为新任皇帝。

朕搞封建迷信活动，宠信江湖骗子，还冤枉忠臣，总之十恶不赦，在这里给大家道歉……
我早就想批评他干的这些荒唐事了！这遗诏写得真过瘾啊！
皇位继承人只剩一个裕王了，正好他是我的学生！
徐阶
张居正

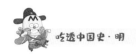

朱载坖刚即位，就释放了当初因得罪朱厚熜而被关起来的大臣，并且将那些搞封建迷信的江湖骗子全部革职，全面禁止宫内所有的封建迷信活动，拆毁了朱厚熜修建的祭坛、仙庙，等等。

因为之前朱厚熜不上早朝，大臣们很难和皇帝当面聊工作，等到朱载坖即位以后，他们终于有了沟通的机会，一时之间，朝堂上的大臣围绕各种政策吵得不可开交。

面对大臣们的争吵，朱载坖向来是一言不发，送上来的奏折也不怎么看，和内阁大臣开小会讨论国事的时候也从不积极发言。

朱载坖虽然按时上班，但是却不工作，处理政务的事情全都交给了内阁，好在朱厚熜时期出现了很多治国人才。

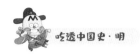

朱载垕把工作都交给内阁后，终于可以更加从容地装聋作哑，工作上的事情能不干就不干。

皇上，我们工作还没汇报完呢！
到下班时间了，不加班是朕的原则，后宫的嫔妃们还等着朕呢！
垕
垕

皇帝消极怠工，首辅徐阶大权独揽，这引起了内阁成员高拱、郭朴等人的不满。

当初他给先帝写遗诏的时候也没和我们内阁大臣商量，我要向皇上告状！
大家都在内阁上班，我还是皇上的老师呢！凭什么权力都给徐阶？

徐阶位高权重，在朝廷人气很高，以至于高拱和郭朴刚给皇帝打完他的小报告，就招来了群臣的攻击。

皇上！这些是徐阶的罪状！是我们两个收集的！
这些是你们两个的罪状，是一百多个大臣收集的，你们看着办吧！
垄
垄

最终，高拱和郭朴还是受不了群臣的舆论压力，只好辞职回乡，内阁剩下的其他成员几乎都是老实人，再没人敢和徐阶争权，就连皇帝朱载垕想干点什么都得徐阶同意才行。

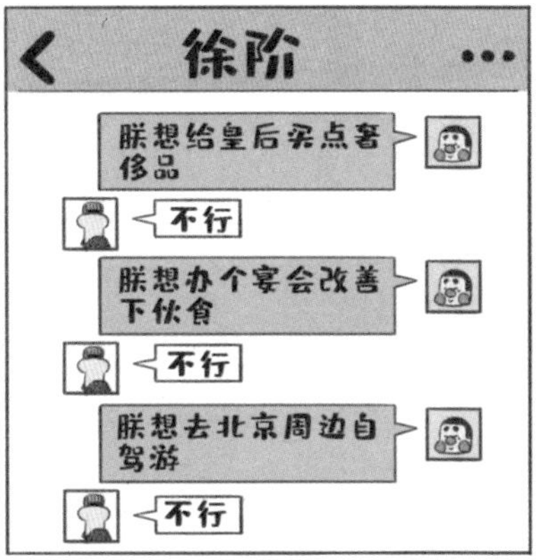
徐阶
朕想给皇后买点奢侈品
不行
朕想办个宴会改善下伙食
不行
朕想去北京周边自驾游
不行

朱载垕本来是没兴趣和大臣争来争去的，但是被徐阶无情拒绝多次以后，终于忍不了了。

朕好歹也是个皇帝，徐阶老头竟然这么不给面子，哼！
垄
垄
不管他！朕要出去玩！

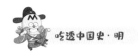

朱载坖无视徐阶的拒绝，带着皇帝的尊严任性地去京郊南海子自驾游了一圈，等他回来以后，徐阶竟然辞职了。

皇上不听话是吧？行，那我辞职不干了！

正在朱载坖担心没人干活的时候，之前辞职回家的高拱回来了。

高老师，朕想死你啦！
臣也想您啊！听说徐阶老头欺负我的小朱朱？我这就帮您报仇！

虽然徐阶辞职回家了，但是高拱却并不想放过他，一直想找机会狠狠地踩徐阶一脚。

不是我小心眼儿，而是徐阶当初欺人太甚。

不久后，高拱得到了一个报复徐阶的机会，这个机会是海瑞给他的。

皇上，徐阶的两个儿子侵占百姓的农田，你管不管？
海瑞
皇上在后宫忙着呢！你放心，他不管我管！

朱载坖即位的第一天，就释放了当初狠狠骂了他父亲朱厚熜的大臣海瑞，海瑞出狱以后还被徐阶提拔做了御史，负责到江浙考察地方工作。江浙是大明最富庶的地区，当地官员听说海瑞要来，吓得四散而逃。

不好啦！海阎王要来啦！他这个人软硬不吃，哪怕贪了一个铜板都会被他搞死！
家里的财宝都收起来！快给我找件带补丁的衣服！
我贪的东西太多藏不住啦，还是辞职逃跑吧！

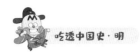

海瑞刚到江浙就开启了疯狂工作模式，他大力整治侵占百姓土地的豪强官员，同时调查当地官员的贪污情况。

我翻了一下仓库里的账本，你身为朝廷命官，十年前竟然贪污了二两银子，该当何罪！
我辞官都三年了，你居然因为十年前的二两银子抓我回来？有没有搞错？

海瑞做官清廉，铁面无私，他打击豪强、惩治贪官的同时，还亲自当法官断案，帮助很多穷苦百姓沉冤昭雪，以至于官员和富人私底下都叫他海阎王，穷苦百姓们都叫他海青天。

你在干啥？
咱们涂点黑炭，配合一下百姓给您起的“海青天”的称呼嘛！

当时徐阶的家乡就在海瑞管辖的区域，虽然他已经辞职，但在当地还是很有权势，他的两个儿子侵占了很多百姓的土地，海瑞知道以后直接上门找徐阶理论。

大家老相识了，你的官还是我提拔的，给个面子，别再追究我的儿子们了。
少废话，我海瑞谁都不认，只认国法！赶快把百姓的土地还回去，否则要你好看！

高拱得知这件事以后，在皇帝那儿狠狠告了徐阶一状。最终，徐阶的财产全部被没收，两个儿子被赶到了边关充军。

爹，您好歹也是个退休首辅，能不能救救我们啊！嘤嘤嘤！
大
小
落在高拱手里就认倒霉吧，他怎么会给我面子呢？

隆庆年间的内阁纷争以高拱的胜利而告终，他虽然排除异己，但却是一个很有能力和眼光的人，消极怠工的朱载垕在他和内阁大臣张居正的辅佐下，做了很多利国利民的好事。

隆庆三年（1569 年），大明西南地区的一些部落发生叛乱，朱载垕派军事大臣殷正茂和俞大猷率军平叛，很快就平定了西南叛军，生擒了叛军首领韦银豹。

听说你喜欢诈降，这次可不能放过你！
殷正茂

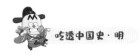

隆庆四年（1570 年），江苏一带河水泛滥，朱载坖在高拱的建议下，派水利专家潘季驯治理水患，很快就解决了洪灾的问题。

潘季驯
经过我多年研究，黄河泛滥的主要原因是泥沙堵塞河道，把泥沙处理干净，河道就通畅啦！

隆庆元年，朱载坖接受朝臣建议，开放了海禁，允许私人船只出海做生意，并且也开放了福建漳州府的港口。

皇上，我们的海禁政策可能会让一部分渔民没法谋生，万一他们勾结倭寇……
朕同意开放海禁，但是不能开放得太彻底，具体方法和内阁商量着来吧！
坖
坖

海禁的开放，使得日本国的商人可以合法地与中国民间商人做生意，在一定程度上减轻了沿海地区的倭患。

能和平地做买卖发大财，总比当倭寇好是不是？
没错，大明朝海禁开放真是大大地好啊！

当时的大明朝手工业发达，外国商人十分喜欢中国的瓷器、丝绸、茶叶，但是外国人的商品很少被大明商人喜爱，所以他们大多用白银来换取中国商品，开始出现国外白银流入中国的趋势，大明因此挣了很多钱。

我太喜欢你们的瓷器、丝绸了！咱们做交易吧！
我对你们的洋枪、洋炮没兴趣，想做生意就拿白银出来！
外商

朱载坖开放海禁的政策推动了大明的经济发展，维护了沿海地区的稳定，这项举措史称“隆庆开关”。

隆庆开关
阳光、沙滩、海浪、仙人掌，还有一个好帝王……

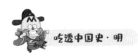

开放东南海禁，平定西南叛乱，接下来就是稳定北方。隆庆三年（1569年），朱载坖在高拱的建议下，让戚继光、王崇古等军事将领抵御北方的鞑靼部落，稳定了大明北方的边防。

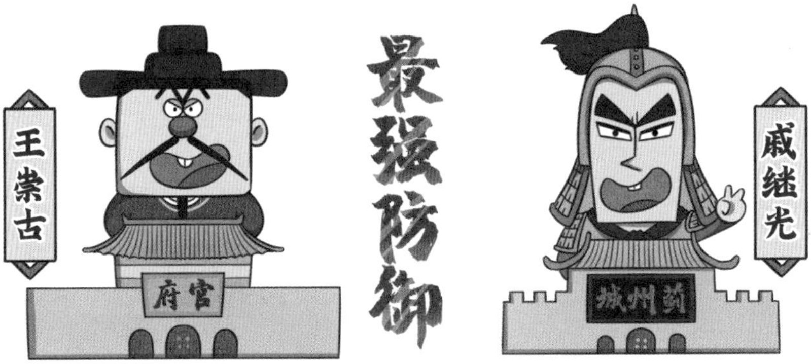
王崇古
官府
最强防御
戚继光
蓟州城

隆庆四年（1570年），鞑靼部首领俺答汗的孙子把汉那吉带着几个亲戚来到大明边关，表示要投奔大明，官员王崇古知道他的身份以后便接纳了他。

我和爷爷俺答闹矛盾了，现在离家出走，求大明收留，嘤嘤嘤！
把汉那吉
你是俺答的孙子？没想到我刚上任就来了个意外惊喜啊！

鞑靼首领俺答得知孙子投降大明，十分着急，赶紧过来和大明谈判。

俺答
你们把我孙子怎么样了？是不是把他杀了？
你的孙子好着呢！皇上还给他封了官！

见孙子安然无恙，俺答很高兴，于是就提出和大明朝廷和平发展贸易的建议，并且还交出了一些大明投奔鞑靼的叛徒。

我一直想和大明做生意，之前进攻大明，全都是被一个叫赵全的大明骗子怂恿的！
你把赵全那个叛徒交给我，我把你的孙子还你，做生意的事情都好谈嘛！

不久后，大明叛徒——白莲教教主赵全被押到北京处死，朱载垕也同意了鞑靼的和平贸易请求，史称“俺答封贡”，这项政策让大明北方边境迎来了很长一段时间的和平。

我用丝绸换你的羊皮。
俺答封贡
你们大明的丝绸穿着很舒服，成交！

朱载垕虽然有些消极怠工，但却完成了隆庆开关和俺答封贡这两项影响深远的国策，让大明有了一个崭新的开始，总体来说还是给大明做了很大贡献的。

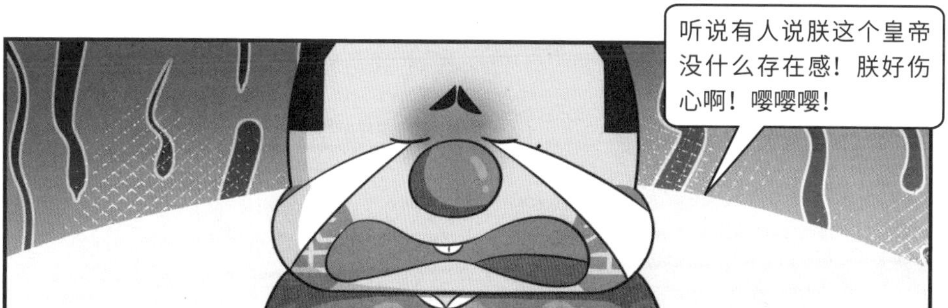
听说有人说朕这个皇帝没什么存在感！朕好伤心啊！嘤嘤嘤！

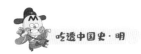

朱载坖在工作上有些贡献，但是他的生活却十分混乱，每次下朝以后就在后宫熬夜享乐，还总爱吃一些伤身体的假药，导致他的身体越来越虚弱。

眼看朱载坖身体越来越差，好多大臣劝他改变生活习惯，但是朱载坖还是不能自律，隆庆六年五月二十二日（1572 年 7 月 1 日），朱载坖已经虚弱到站不起来了，临终前，他将皇位传给了太子朱翊钧。

同月，透支身体六年的朱载坖驾崩，年仅三十五岁，几天后，虚岁十岁的太子朱翊钧即位，年号万历。

大明趣事小谈

戳穿宦官

朱载垕还没即位的时候，特别喜欢吃一种叫果饼的点心，在他即位后，就让宦官出宫买果饼。宦官买回果饼，想趁机贪点银子，就和朱载垕报假账，没想到朱载垕直接戳穿了宦官的小心思。

皇上，您要的果饼真贵呀！花了十两银子呢！
哈哈哈，你太会骗人啦！这果饼只要五钱，当朕没吃过？

机智海瑞

据说，海瑞在淳安县当县长的时候，听说总督胡宗宪的儿子因为嫌弃当地招待所的伙食不好，就把招待所的服务员吊起来打了一顿，于是海瑞就抓了胡宗宪的儿子，把他打了一顿，并且把他随身带的几千两银子给没收了，胡宗宪知道这件事以后，也没好意思惩罚海瑞。

你一个小小的县长竟敢打我？我可是胡宗宪总督的儿子！
你胡说，胡总督是清官，怎么会有你这样的儿子，给我打！
海瑞

朱翊钧

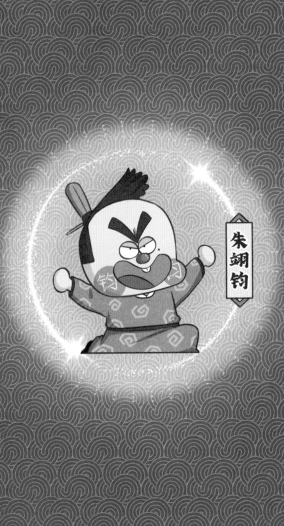

第十五章　万历中兴

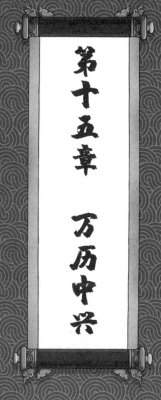

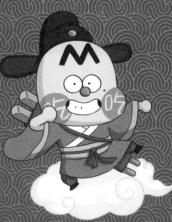

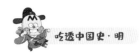

在朱载垕驾崩以后，他的贴身宦官冯保向顾命大臣高拱、张居正、高仪宣读了遗诏。

皇上遗诏说啦，让太子朱翊钧继承皇位，司礼监掌印太监和内阁大臣一起辅佐新皇帝处理国家大事！
冯保

听完遗诏的高拱差点气晕过去，因为正常的遗诏里，是不会出现让一个宦官来辅佐新皇帝的。

什么？一定是冯保篡改了遗诏，真是气死我啦！
高拱

冯保之前巴结后妃，坐上了司礼监掌印太监的位置，愤怒的高拱马上就拉拢张居正等官员联名给皇帝上书，要收拾冯保。

老张啊，你我同事多年，帮我一起干掉冯保那个太监吧！
首辅放心！小弟我义不容辞！
张居正

得到了张居正的支持以后，高拱信心满满地等待冯保被处死的消息，但是之后等来的竟然是一封解雇他自己的诏书。

高拱嚣张跋扈，皇上决定开除你，现在就走，不许停留！
这是怎么回事？剧情反转这么突然？

其实在之前，张居正刚答应配合高拱除掉冯保的要求以后，转头就来到了冯保的家里。

老冯，高拱想除掉你，不过别怕，我来帮你！
你这个地下盟友还真是靠谱啊！

当时万历皇帝朱翊钧虚岁只有十岁，朝廷里的事情都是李太后做主，冯保在张居正的帮助下，跟李太后狠狠地告了高拱一状，于是高拱就被赶走了。

太后，张居正告诉……哦不，是有人告诉奴才，高拱说皇上才十岁，不配做皇帝！
什么？我儿子不配当皇帝难道他配吗？欺负我们孤儿寡母，把这个高老头给哀家赶走！
李太后

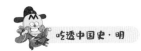

据《明史·列传第一百九十三》记载，张居正早就想除掉飞扬跋扈的高拱，于是就和同样不喜欢高拱的太监冯保暗中结成联盟，在朱载坖驾崩前夕，张居正就和冯保合谋，提前给朱载坖写了遗诏。

遗诏里加上一句，让我也一起辅佐新皇帝！

高拱离开后，张居正成了大臣中的老大——内阁首辅，冯保成了宦官中的老大——司礼监掌印太监。

亲密战友
后宫管家
天下管家
老张，以后我主内你主外，咱们合作共赢！
没毛病！

因为皇帝朱翊钧年纪太小，李太后虽然聪明果决，但却不会治国，所以她就把大明的国事全都交给张居正来决定。

以后张大人说啥就是啥，一切都由他来决定！
这个张大爷看起来好凶啊！

有了李太后的强力支持，此时的张居正名为首辅，其实已经是大明帝国的实际掌控者。

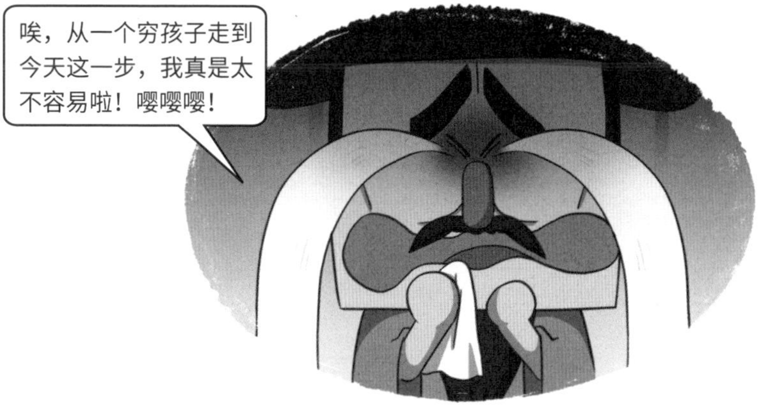
唉，从一个穷孩子走到今天这一步，我真是太不容易啦！嘤嘤嘤！

嘉靖四年（1525 年），张居正出生在湖北江陵的一个秀才家里。他最初的名字叫张白圭，据说是他的曾祖父给他起的乳名。

这孩子出生前我梦见一只白色的乌龟，就给他起名白龟吧！
好名字，不过还是把乌龟的龟改成玉圭的圭吧！

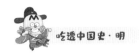

张白圭从小就十分聪明，读书过目不忘，是江陵远近闻名的神童，十一岁就考中秀才，得到江陵知府李士翱的喜爱，并给他改了个名字。

你这孩子真是太有才啦，张白圭这个名字不够响亮，以后你就叫张居正吧！
李士翱
张居正

一年后，张居正参加了乡试，原本是考了高分，但是却因为湖广巡抚顾璘的阻挠而被判定落榜。

不要误会，我十分看好小张，但他还是个孩子，太早当官容易被欺负，还是再让他成长几年吧！
顾璘

小张啊，你有做宰相的才能，将来是要系玉带的,我能力有限，这条犀带委屈你了！
谢谢顾大爷，不过你能给我换一条尺码合适的腰带不？

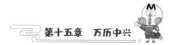

嘉靖二十六年（1547年），二十二岁的张居正以优异的成绩通过全国考试，做官以后得到徐阶的赏识，开始和他学习治国的知识。

这批学生里，就数你小张最优秀，以后跟着我吧！
多谢徐老师栽培！
徐阶

张居正刚做官的时候，严嵩刚斗倒了夏言，徐阶又上来和严嵩斗，机智的张居正审时度势，没有让自己卷入朝堂内的斗争，而是选择静静观望。

领导们打得这么凶？我还是别跟着掺和了，毕竟安全第一。

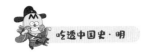

张居正虽然没有加入朝堂争斗，但却和徐阶、严嵩两边势力都相处得很好，态度十分坦然，以至于两个老狐狸严嵩和徐阶都没看出来张居正左右逢源的本质。

徐阁老早啊，吃早饭了没呀？
小张是我的门生，一定是向着我的！
徐阶
严阁老早啊，身体可还硬朗？
小张天天对我贴心问候，一定是我的人。
严嵩

嘉靖四十三年（1564 年），张居正任国子监司业，相当于大明最牛大学的副校长。也就是说，当时大明最优秀的年轻人才都得叫他一声张老师，在这里张居正也能为自己的未来积累人脉。

你们都是大明的花朵！国家的未来！要好好学习呀！
张老师以后有什么吩咐尽管提，我们都听您的！

此时的张居正已经从左右逢源的小张成长为老谋深算的老张，工作能力强，会为人处世，还留着一把乌黑飘逸的长胡子，看起来很帅，妥妥的智商、情商、颜值三在线。

哎呀，明明可以靠颜值，我却偏要靠才华！

嘉靖四十三年（1564 年），徐阶已经击败严嵩成为内阁首辅，依旧十分器重张居正，又任命他为裕王朱载坖的老师，张居正也用才华征服了裕王。

张老师真是太有才啦！以后我一定要重用他！
朱载坖

就这样，在嘉靖、隆庆、万历三朝大臣之间尔虞我诈、血肉横飞的斗争中，张居正凭借超人的智慧和城府，成为了最终的胜利者。

权力游戏

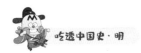

张居正当上首辅以后，又被加封为左柱国，这是明朝官员的极品称号。

左柱国
左柱国这个称号臣当不起啊！
当得起当得起，以后你就是我家的……哦不，是大明的顶梁柱！
李太后

万历元年（1573 年），一直想改革的张居正开始推行“考成法”，对全国的官员进行考核监督。简单说就是让官员制订月计划，要是没完成就会被惩罚。

这么认真地监督我们，以后还怎么贪财啊！
唉，别说贪财了，以后连偷懒都没机会啦！嘤嘤嘤！
这两个官员工作时间交头接耳，扣分！

万历四年（1576 年），在“考成法”的基础上，张居正还给全国地方官员设置税收任务，规定各个地方的具体税收数目还有交税时间，税收要是达不到朝廷要求任务的九成，当地官员直接降职。

拼命工作，还是只完成了八点五成的税收任务，从一省知府变成了一个小小县官。
九成就是九成！差一点都不行！

万历九年（1581 年），张居正在全国大力推行嘉靖初年大臣桂萼提出的“一条鞭法”。

一条鞭法

一：重新丈量耕地，增加税收收入。

经过测量，你家实际有二百亩农田，你却上报五十亩！少交了这么多土地税！
我错了，以后一定按实际的土地面积交税！

二：统一赋税徭役，简化税收流程。

不想做劳工的可以选择交钱回家，没钱的可以做劳工挣钱。
以前给朝廷做苦力，经常累死人，现在好了，干不动了就交钱走人！
没钱的时候还可以再过来劳动赚钱，太好啦！

三：实物换算成钱，官员亲自收税。

以后交税只交钱，不交实物，地方官员亲自征收，没有中间商赚差价啦！
一条鞭法推行告示
当官的再也不能私占我们的税金了，哈哈哈！

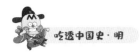

“考成法”和“一条鞭法”的大力推行，让大明的官员们减少了偷懒，税收也稳健增长，多年来空荡荡的国库里终于有了盈余的钱。

张居正努力为大明赚钱的同时，也在精心整顿边防，他派戚继光镇守蓟州，派李成梁镇守辽东。

曾经把倭寇打得找不到老家的戚继光来到蓟州以后，并没有用戚家军的鸳鸯阵和北方部落的骑兵硬碰硬，而是大力修建长城，普及火枪、大炮，采用远程打击和工事防御的御敌政策，善战的部落骑兵根本不敢和戚继光对抗。

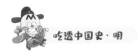

镇守辽东边境的将领李成梁喜欢简单粗暴的打法，面对擅长骑兵野战的鞑靼人还有女真人，李成梁不修长城也不防御，而是亲自带着大明的骑兵和他们正面冲杀，鞑靼人和女真人被他打得很惨。

修长城多费事！进攻才是最好的防御！

万历十一年（1583 年），李成梁诱降女真部落，占领了古勒城，却背信弃义地将城内投降的女真人全部杀光，其中就包括之后建立后金政权的努尔哈赤的父亲和爷爷。

战争就是这么残忍，什么努尔哈赤，没听说过！

在张居正的艰苦奋斗下，万历初期的大明边疆稳定、财政充盈、官员勤奋，史称“万历中兴”。

万历中兴
哎呀，我奋斗得好辛苦，享乐一下好像也没问题嘛，嘿嘿嘿！

在管理国家的同时，张居正还严格管束皇帝朱翊钧小朋友，朱翊钧也很怕他。

你今天的家庭作业里怎么都是错别字？该打！
张先生，朕以后不敢啦，嘤嘤嘤！
朱翊钧

此时的张居正可以说是天下无敌，文官怕他，武将敬他，太后和皇帝都依附他，他也不负众望，加班加点地操劳国事，几乎以一己之力撑起了日渐衰落的大明王朝，即便积劳成疾也没有休息。

以天下为己任

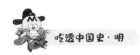

万历十年（1582 年），五十八岁的张居正去世，朱翊钧痛苦万分，追赠张居正上柱国的称号，但是仅仅十个月后，朱翊钧就抄了张居正的家，也夺回了他赐给张居正的一切。

朕可不是记恨他以前总是训斥朕，而是因为很多大臣一起告了张居正的状！
朱翊钧
钧
钧

张居正去世以后，朱翊钧顺手将张居正的好伙伴——司礼监掌印太监冯保赶去了南京。冯保收拾行李和财产离开北京，还带走了一幅千古名画《清明上河图》。

这些就当是我的养老金吧！

一直管束朱翊钧的张先生和冯大伴都不在了，李太后也不再过问政事，二十岁出头的朱翊钧终于正式接管了大明帝国。刚亲政时，他干劲十足，发愤图强，还会亲自步行十里去天坛祭天。

朕亲自走到天坛，多虔诚！你们能不能快点？
您是虔诚了，我们一把老骨头快散了呀！

但是好景不长，朱翊钧好好工作了没多久就开始消极怠工，找各种理由不上朝。

喀喀喀，朕的心脏不舒服，今天就不上班啦！
皇上，心脏在左边……
钧

后来朱翊钧终于不再旷工，他彻底一天班也不上了。万历十五年（1587年）的一天，朱翊钧和往常一样告病旷工，只是这一次，他再也没有回到工作岗位上。

我来朝廷两年了，从来没见过皇上！
两年算什么？我都来二十年了，都不知道皇上长什么样子！

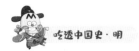

在朱翊钧开始彻底不上朝后，传奇清官海瑞、民族英雄戚继光相继去世，朝堂内，没有了张居正这个主心骨以后，大臣们又开始了互相斗争。

张居正不在了，谁还怕内阁首辅，反正我只认老乡！
老乡见老乡，两眼泪汪汪啊，谁欺负我老乡就是欺负我！

有趣的是，朱翊钧虽然不上班，但是大明朝廷并没有发生宦官掌权、外戚专政、权臣跋扈等问题，可以说朱翊钧虽然不上班，但是会通过一些特殊的方法掌控朝堂。

大臣在明，朕在暗，小朱我有的是手段。

但万历皇帝运气不太好，万历年间天灾横行、百姓暴动不断，张居正曾经提出的种种利民政策后期也逐渐荒废。

嘿，张居正终于去世了，终于没那么多人盯着我了！
王大人，当初我盯着你也是不得已，您看我把摄像头都关啦！

平静的日子并没有持续多久。万历二十年（1592 年），大明边境重镇宁夏发生叛乱，带头的是曾经投降明朝的鞑靼人哱（bā）拜。

都怪大明朝廷不按时给士兵发工资！我正好联合漠北的鞑靼同胞一起造反！
哱拜

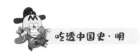

几个月内，宁夏叛军攻占大明多个城池，声势浩大。这件事惊动了长期旷工的皇帝朱翊钧，他任命武将李成梁之子李如松去宁夏平叛，李如松引河水泡塌宁夏城墙攻入城内，叛军首领哱拜兵败自杀。

皇上，宁夏给您平定了！是不是给放几天假休息休息？
李如松

干得好，你现在赶紧去东边再平个乱，休息的事以后再说！

万历二十年（1592 年），几乎在宁夏发生叛乱的同时，日本国十五万大军兵分九路入侵朝鲜，短短两个月的时间，倭寇就攻陷朝鲜京城、平壤、开城三城，几乎占领了朝鲜全境，朝鲜国王李昖（yán）被日军赶到明朝边界鸭绿江畔，史称“壬辰倭乱”。

壬辰倭乱
快去找明朝大哥求援！我快被倭寇赶到鸭绿江里喂鱼啦！
李昖

日本之前处于战国时代，全国六十六个小诸侯打来打去，最终一个小个子首领丰臣秀吉统一了日本全境，于是膨胀的他有了一个征服世界的梦想。

丰臣秀吉
先征服朝鲜，再征服唐国（大明），世界就是我的啦！

另一边，朝鲜国作为明朝的藩属国，国内军纪涣散，朝廷内斗不休，导致倭寇入侵的时候毫无抵抗之力，官兵见到倭寇拔腿就跑。

倭寇太强啦，快跑呀！嘤嘤嘤！

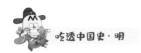

面对朝鲜小弟的多次求救，朱翊钧考虑再三，决定出兵抗倭援朝。面对十几万势如破竹的倭寇大军，朱翊钧大笔一挥，派出辽东副总兵祖承训率明军精锐骑兵支援朝鲜，人数三千。

小弟知道天朝大军勇猛无敌，但是对面可是十五万倭寇，您只有三千……
少废话！小小倭寇，我带三千对付他们绰绰有余！
鸭绿江
朝鲜官员
祖承训

轻敌的祖承训在平壤城中了日军埋伏，几乎全军覆没。

老大！原来明朝的军队不堪一击。
看来征服世界指日可待啊！
小西行长

这一次，原本并没把入侵朝鲜的倭寇放在眼里的朱翊钧终于认真了，派出刚平定宁夏叛乱的李如松入朝作战。

这些倭寇还挺有两下子的嘛，行，那朕就不客气啦！
运筹帷幄
钧

几个月后，李如松率军入朝，兵力四万余人，其中包括战力强大的辽东铁骑，还有当年痛打倭寇的戚家军，除此之外，朱翊钧还派了很多锦衣卫秘密潜入日军占领区收集情报。

小弟知道天朝大军勇猛无敌，但是对面可是十五万倭寇，您只有四万……
你是只会这一句中文吗？

万历二十一年（1593 年），李如松率军攻陷平壤，击败日军将领小西行长的军队一万余人，随后又在龙山大仓烧光了日军的军粮，士气低落的日军大举后退，李如松率军收复大部分朝鲜国土，双方议和。

粮仓被烧，吃的也没有了，我好想回家啊！
谁说明军不堪一击啊，再后退下去，我们就要被扔到海里喂鲨鱼啦！嘤嘤嘤！

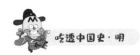

万历二十五年（1597 年），丰臣秀吉再派十二万日军进攻朝鲜，明军将领麻贵率近八万人在蔚山和稷山等地重创日军。万历二十六年（1598 年）八月，丰臣秀吉病死于日本，侵略朝鲜的日军全部撤退。

这群倭寇，真是不见棺材不撤兵啊！我还没打够呢！
麻贵

抗倭援朝战争是大明帮助属国朝鲜打的，这一战狠狠打击了日本侵略者的嚣张气焰，也宣扬了大明国威。

平倭诏
义武奋扬
跳梁者
虽强必戮
钧

宁夏和朝鲜安静了，朱翊钧也并没能好好休息，因为大明西南地区的播州时有叛乱发生。万历二十四年（1596 年），在播州作恶多端的官员杨应龙公开造反。

播州天高皇帝远，我就是这里的土皇帝啦！
杨应龙

万历二十八年（1600 年），朱翊钧派二十四万大军讨伐播州杨应龙，在将领刘綎（tīng）的神勇进攻下，叛军只抵抗了四个多月，两万余叛军被歼灭，杨应龙自杀。宁夏之役、朝鲜之役、播州之役，史称“万历三大征”。

万历三大征
这三次远征就是朕的工作成绩，哈哈哈！
钧
丰臣秀吉
哱拜
杨应龙

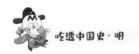

朱翊钧虽然赢得了三大征的胜利，但是花了很多军费，张居正呕心沥血攒下来的国库老本基本都被掏空了。

国库
空
给大臣传信过去，军饷先欠着，灾民先等着，再让农民多交点税吧！

在明朝忙着对付倭寇的时候，位于东北地区的女真族趁机崛起。那个被李成梁杀掉父亲和爷爷的努尔哈赤已经成长为一个优秀的统帅，他统一了女真各个部落，并且在万历四十四年（1616 年）建国，国号“大金”，史称后金。

杀父之仇，是时候报了！
大
努尔哈赤
金

在统一女真以后，努尔哈赤就立即开始对抗大明，趁着明军边防实力下降，他常常带兵到辽东一带抢劫。

这只是小打小闹，等时机成熟，我一定灭掉大明，解我心头之恨！

因为努尔哈赤闹得越来越凶，万历皇帝朱翊钧终于忍无可忍，明万历四十七年（1619 年），朱翊钧派杨镐率二十万精锐明军兵分四路进攻努尔哈赤。

杨镐
我们有几十万人，后金不到六万人，活捉努尔哈赤，有奖金六万两！
工资都不给发，还说奖金？我咋不太信呢？

努尔哈赤没有和明军正面交锋，善于谋略的努尔哈赤在萨尔浒将三路明军各个击破。

明军的位置全都暴露啦，给我放箭，哈哈哈！

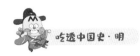

朱翊钧孤注一掷的战争惨败，导致后金军在辽东肆意妄为，实力大增，朝廷的钱也基本花光了。虽然朝廷没钱，但据说随着玉米和土豆等高产量农作物的传入，当时百姓的吃饭问题在一定程度上被解决了，因此并没有出现大规模的流民暴动的情况。

这东西太丑啦，真的能吃吗？
它叫土豆，看着是丑了点，但是吃起来还是很香的！

万历后期，大明外边有后金虎视眈眈，内部混乱不堪，国库空空如也，面对这种情况，朱翊钧十分郁闷，加上他多年沉迷酒色，身体状况很差。

大明变成这样，朕好心痛啊，嘤嘤嘤！
皇上的意思是，咱们今天也不去上班了？
朕这回是真的心痛啊！

万历四十八年（1620 年），朱翊钧驾崩，皇太子朱常洛继位，年号泰昌。

都说皇帝之位难坐，但是对朕来说，太子之位更难坐啊！
朱常洛
洛
洛
洛
明光宗

大明趣事小谈

张居正的豪车

张居正去世后，有人说他有一顶需要三十二个人才能抬动的巨大的轿子，这顶轿子里的面积相当于一间教室，里面有客厅、卧室，厕所，两侧还有阳台，轿子里长期有两个随从伺候张居正的起居，可以说是当时世界上最豪华的交通工具。张居正还坐着这顶轿子从北京出发到湖北探亲，行程千里不说，沿途还有专人拓宽道路，清理灰尘。

这是我的政敌瞎编的！谣传！谣传！
大轿子

朱常洛

第十六章　秦昌疑云

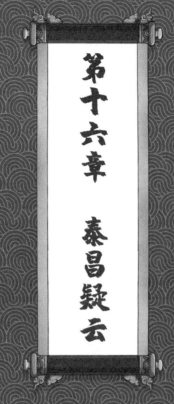

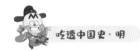

万历皇帝朱翊钧当了四十八年皇帝，太子朱常洛继位的时候已经三十八岁了，是明朝继位年龄最大的太子，他虽然是朱翊钧的长子，但是十九岁时才被立为太子。

没办法，谁叫朕的父皇不喜欢朕，谁叫朕的母亲是一个卑微的宫女呢？
朱常洛
洛

万历九年（1581 年）的一天，朱翊钧在慈宁宫和母亲李太后请安以后，正准备离开的时候，遇到一个宫女王氏。

你多大年纪啦？哪里人啊？要不要陪朕去逛逛花园？
奴婢遵旨！
朱翊钧
王氏
钧

万历十年（1582 年），宫女王氏生下一个男孩，朱翊钧给他取名朱常洛。王氏因为生了皇子而被封为恭妃，但朱翊钧并不喜欢她，因为她只是个卑微的宫女。因为是被迫认下的老婆和孩子，朱翊钧也不喜欢这个孩子。

我和她之间没有爱情，朕也不喜欢这个孩子。
钧

万历九年（1581 年），朱翊钧一天册封了九位妃嫔，在这九人中，他对淑嫔郑氏一见钟情。朱翊钧十分宠爱郑氏，短短四年内，就将郑嫔逐步晋升为郑德妃、郑贵妃、郑皇贵妃。

突然想写自传，就叫
《郑皇贵妃升职记》！
郑贵妃

万历十四年（1586 年），郑氏生下一个男孩，朱翊钧十分高兴，大肆封赏了郑贵妃，给他这个刚出生的儿子取名朱常洵，而皇长子朱常洛和母亲王氏则备受冷落。

你给朕生了一个儿子，
你想要什么朕都给你！
我的钧钧真好！
洛
洛
我当年给皇上生儿子的时候，皇上只给了我点地摊货，不公平，嘤嘤嘤！

郑贵妃本来就深得朱翊钧喜爱，有了儿子以后更是宠冠后宫。她野心很大，一直想要立自己的亲儿子皇三子朱常洵当太子。

钧钧，人家想让皇三子当太子嘛！
唉，其实朕也想让皇三子当太子，但是大臣们不让啊！
钧
钧

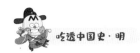

早在皇三子朱常洵还没出生的时候，大臣们就上书朱翊钧让他立皇长子朱常洛当太子，但是朱翊钧不喜欢朱常洛，所以一直找借口推托。

皇上，皇长子是大明未来，国家根本，您还是快把皇长子立为太子吧！
咱大明的规矩是立皇后的孩子当太子，所以再等等吧！
钧

等到皇三子朱常洵出生，朱翊钧就想立他为太子，但是大臣们想立皇长子为太子，双方你来我往，争得不可开交。

长子之位大战
这把椅子是三皇子朱常洵的！朕是皇帝，朕说了算！
这把椅子是皇长子朱常洛的！祖宗的规矩说了才算！

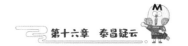

从万历十四年（1586 年）开始，朱翊钧就和大臣们在皇位继承人给谁的话题上展开了激烈的斗争。这场斗争整整持续了十五年之久，朱翊钧前后逼退了四名首辅，惩戒了上百名官员，史称“国本之争”。

不立太子
就辞职
国本之争
辞呈
辞呈
辞呈
辞呈
内阁的人要是全走了，就没人给朕干活啦！

万历二十九年（1601 年），朱翊钧终于立皇长子朱常洛为皇太子，三子朱常洵被封为福王。

殿下，太子之位我们给您抢过来啦，快请坐！
老三啊，你父皇我尽力了，你别太难过，当个藩王也挺好的！
朱常洛
朱常洵

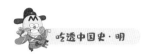

朱常洛虽然当上了太子，但是依旧得不到父亲朱翊钧的喜爱，生活条件也没得到很好的提升，晋升为皇贵妃的郑氏也继续怂恿朱翊钧换太子。

迟来这么久的太子之位坐着也不稳当啊！
洛
洛

万历四十三年（1615 年），一个不知道从哪儿冒出来的男子张差拿着一根木棍，冲进太子朱常洛的住所，见人就打，一直打到太子卧室门口，最后被几个老太监制服。

拿着凶器闯太子家门，是想对太子动手吗？
什么太子？两个宦官花钱雇我到这个院子，说是要我打死一个穿黄衣服的人。
张差

经过调查，得知雇张差的人是郑皇贵妃的两个亲信太监。所有人都知道郑皇贵妃想换自己的儿子当太子，加上张差的供词，郑皇贵妃吓得不轻，赶紧去找朱翊钧哭诉。

钧钧啊，臣妾就是有再大的胆子也不敢找人袭击太子啊，嘤嘤嘤！
爱妃，朕相信你！朝廷大臣那边容朕再想想办法！
钧

在当时，太子在皇宫里被袭击是一件不得了的事情，但是这件事情的处理却十分草率：主犯张差被认定为是个疯子被处死，两个疑似雇用张差的太监也被处死，这件复杂的案件就再也没有继续调查，幕后主使成了一个谜，史称“梃击案”。

这件事要是查下去，真查到我的郑皇贵妃头上可不好，还是不查为好！
钧
钧
找一个不会武功的无业游民拿个木棒子就来行刺太子，是不是太瞧不起我了？
洛
洛

万历四十八年（1620 年），朱翊钧去世，一直不被父亲喜爱、总担心自己会被废掉的太子朱常洛还是顺利坐上了皇位，年号泰昌。

明光宗
果然皇帝的宝座比太子的椅子舒服多啦！
洛
洛

朱常洛继位后，一改朱翊钧消极怠工的传统，首先大笔一挥，将父亲留下的私人遗产二百万犒赏了辽东边关的士兵，免除矿税，这些举措给朱常洛树立了一个明君形象。

新皇帝真大方啊，一继位就给我们发奖金。

当初没白支持他当太子啊！真是个明君，我大明要迎来新时代啦！

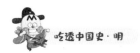

朱常洛刚即位的一些举措确实有开创新时代的趋势，只是这个新时代时间有点短，朱常洛继位刚十天，就突然病倒了。

皇上前两天还活蹦乱跳的，怎么突然病了？
可能昨晚超负荷工作，累倒了吧！

朱常洛卧床不起，在太医束手无策的时候，一个名叫崔文升的宦官给朱常洛吃了点“秘方药”，随后奇迹发生了，朱常洛竟然起床了！然后直奔厕所。

哈哈哈！我的药厉害吧！皇上又生龙活虎啦！
确实挺厉害，皇上百米加速向茅房冲了十几次！
崔文升

朱常洛腹泻了几十次，随后又虚脱倒在了床上。太医再次束手无策，然后又出现一个名叫李可灼的官员说有仙药红丸，能治朱常洛的病。

皇上，这个李可灼不是专业医生，他的红色药丸八成是假药啊！
朕……朕已经快不行了，拿来吧，死皇帝当活皇帝医吧！
李可灼

朱常洛吃下红丸以后，奇迹再次发生，他的身体有所好转，还吃了点东西。

李可灼的仙药太神奇啦！朕感觉好多啦，再给朕来一颗红丸！

当天傍晚，朱常洛又吃下一颗红丸，没几天就离奇驾崩了！此时朱常洛刚刚继位整一个月，关于他的死因，有人说是劳累过度，有人说是郑皇贵妃暗杀，还有人说是被红丸毒死的，这件离奇的案件被称为“红丸案”。

红丸案
其实……朕可能就是吃错药了吧！

万历四十八年（1620 年），朱常洛的长子，虚岁十六岁的朱由校继位，年号天启。

朱由校

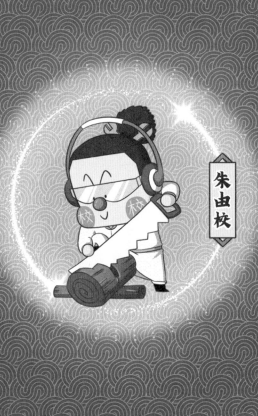

第十七章　天启党争

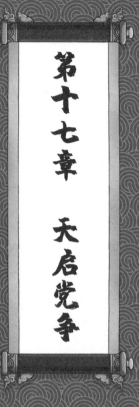

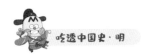

父亲朱常洛只当了一个月的皇帝就驾崩了，朱由校继位以后，重用杨涟、左光斗、赵南星、高攀龙等贤臣，他们有一个共同身份：东林书院毕业生。东林书院是由学者顾宪成开办的，是讨论国家大事和治国之道的地方，从这里出去的朝廷官员后来被称为“东林党”。

东林党
我们势力很庞大，谁都无法动摇我们这个大家庭！
我们很忠心、很有能力，很受皇帝重视！
杨涟
左光斗

天启初年，朝廷内部政治相对清明，但是山海关外的辽东地区却动荡不安。天启元年（1621 年），努尔哈赤率领后金大军攻占沈阳、辽阳，守城的主将或战死，或自杀。

大明军队真是不堪一击，辽阳这个地方不错，暂时就当作我大金的都城吧！
努尔哈赤

天启二年（1622 年），后金军攻下西平堡。至此，大明治理二百多年的辽东地区全部陷落。败退回山海关内的辽东守将熊廷弼、王化贞被皇帝关进了大牢。

你当初不是吹牛说六万人就能搞定努尔哈赤吗？
熊廷弼
还不是因为队伍里面有叛徒嘛！嘤嘤嘤！
王化贞

努尔哈赤很忙，忙着攻城略地；朱由校也很忙，忙着搞艺术。据说朱由校小的时候没有受过很好的教育，文化水平比较低，但是却十分喜欢做木工，而且极有天赋。

文化有什么用？朕一直有一个艺术家的梦想。
朱由校

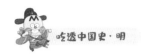

朱由校身边有个宦官叫魏忠贤，他经常趁朱由校干木工起劲的时候把大臣的奏折给他看。朱木匠追求艺术梦想，哪里还管奏折，于是就把治国的工作交给了魏忠贤。

奏章字那么多，我看得懂吗？玉玺在桌上，门在那儿，出去！
校
校
太好啦，我能代替皇帝决定天下大事啦！
魏忠贤

魏忠贤原本是一个市井流氓，因为赌博输光家业，为了谋生，他就做了宦官。

想进皇宫工作，要么就去文化考试，要么就让自己变成宦官！
宦官招工
我是一个大字不识的文盲，看来只能狠狠心，当宦官了！

魏忠贤成为宦官进宫打杂的时候，靠着巴结朱由校的乳母客氏，很快就成了朱由校的贴身太监。朱由校登基以后，他也跟着飞黄腾达，当上了皇帝的秘书：司礼监秉笔太监。

我都是皇帝秘书啦，谁敢说我是文盲？
公公，您的笔拿反了！

魏忠贤靠着假传圣旨，逐渐控制了东厂和锦衣卫。他培植党羽，组织了一个专属于自己的势力——阉党，这伙人贪污受贿、陷害忠良、祸国殃民。

无恶不作

魏忠贤还联合阴险毒辣的客氏坑害后宫怀孕的嫔妃，就连朱由校的皇后怀孕后也被他们害了，这也导致朱由校一直没有皇子。

这些妃子有了孩子就会提升地位，到时候对我都是威胁！
眼光真是长远，哈哈哈！
客氏

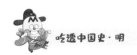

阉党横行霸道，引起了朝堂内东林党人的不满，于是他们就和魏忠贤的势力展开斗争。

东林党人十分自傲，看不上其他同事，但是魏忠贤的阉党却什么人都用，大臣、宦官、武将、地痞流氓照单全收，阉党势力也越来越大。

东林党的大臣们向皇帝告魏忠贤的状，但是忙着做木工的朱由校却并不关心这件事，加上魏忠贤假传圣旨，东林党最终被击败，为首的六位忠臣被折磨致死，史称“东林六君子”。

东林六君子
做得好，把锦衣卫的刑罚挨个给他们尝尝，然后送他们上西天！
干爹，东林党那几个领头的全被我们锦衣卫拿下啦！

击败东林党后，阉党大权独揽，更加肆意妄为，魏忠贤被他的手下们称为“九千岁”，全国各地的无耻官员为了巴结魏忠贤，纷纷给魏忠贤修祠堂。

九千岁
子子孙孙参拜九千岁爷爷！
九千岁？只比万岁少一千岁！这个称呼我喜欢！

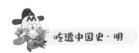

在朱由校痴迷木工和建筑学的时候，朝廷内部党争不休，关外后金骑兵纵横辽东，山东还爆发了徐鸿儒主导的农民起义，四川官员安邦彦也举兵叛乱。

皇上，大明天下稍微有点乱啊！
你看着办吧，来，把锯子给朕递过来！
校
校

天启二年（1622 年），努尔哈赤全面占领辽东以后，兵部尚书孙承宗主动要求去山海关抵御努尔哈赤，等他到达那里后，发现努尔哈赤已经撤走了。

连年战乱，关外民不聊生，这些城池连努尔哈赤都不稀罕要啊！
孙承宗

在山海关的官员袁崇焕的建议下，孙承宗开始逐步收复辽东的失地，安顿流离失所的百姓，修缮加固关外的城池宁远。

孙大人，努尔哈赤走了，我们应该趁机在关外的宁远城布防。
有道理，毕竟关外还有十万大明百姓呢，不能抛弃他们！
袁崇焕

天启五年（1625 年），经过孙承宗的精心布置，宁远城已经由一座废墟变成了边防要塞，他又配合袁崇焕一起收复了锦州、松山、杏山等二百多里的辽东失地，逐渐形成了以山海关、宁远、锦州为据点，其间筑有多个堡台连成的防线，史称“关宁锦防线”。

关宁锦防线
有了这道防线，努尔哈赤就只能在城外喝西北风啦！哈哈哈！

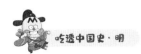

但辽东的安宁并没有持续多久，魏忠贤掌控朝政以后，因为嫉妒孙承宗功劳太大，就制造谣言逼他辞了官职，无能的阉党成员高第取代了孙承宗的位置，刚一上任就要撤掉关宁锦防线，袁崇焕不听命令，不肯离开宁远城。

什么关宁锦防线，花了我干爷爷魏忠贤那么多钱，给我撤了！
要走你走，我要誓死守卫宁远！
高第

天启六年（1626年），努尔哈赤发现关宁锦防线正在瓦解，趁机大举进攻。

孙承宗不在宁远了，他们的防线瓦解了，辽东又是我大金的天下啦！
报告，对面的宁远城不好打呀！

努尔哈赤高歌猛进，侵占辽东各地，却被袁崇焕驻守的宁远挡了下来。

哼！不过是我以前放弃的小城池而已，看我拿下它！

努尔哈赤率大金骑兵涌向宁远孤城，守将袁崇焕临危不惧，带着残兵败将死守城池，还刺破手指写血书鼓舞士气，并且用新式武器红夷大炮猛轰敌军，后金伤亡惨重。

这葡萄牙的进口货还挺有威力啊！给我狠狠地轰！
送后金兵上天，哈哈哈！

宁远城守卫战进行了四天，后金军伤亡惨重，最终被迫撤军。半年后，努尔哈赤去世了，有人说他是病死的，也有人说是被袁崇焕的大炮炸伤致死的。他死后，他的第八个儿子皇太极继承汗位，他审时度势，暂时同意了袁崇焕的议和要求。

我们应该给父亲报仇！攻打大明！
现在我们士气低落，等时机成熟再来找大明报仇！
皇太极

虽然辽东相对平静了，但是魏忠贤的阉党还在大明祸乱天下，此时的皇帝朱由校已经因为出去游玩的时候不慎落水，病了一年多了。

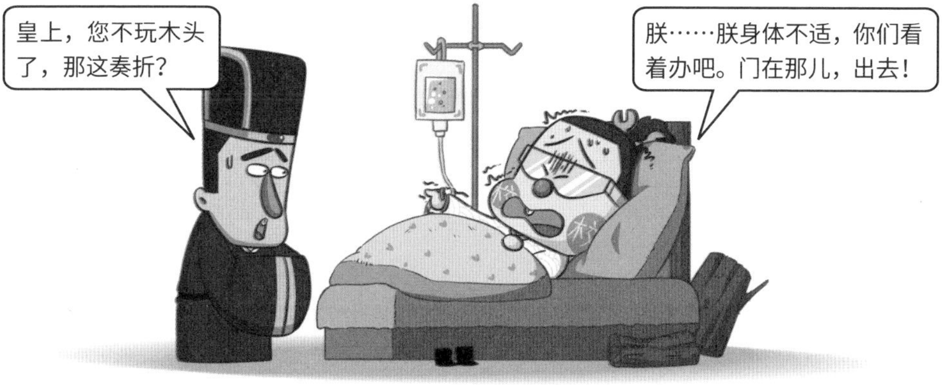
皇上，您不玩木头了，那这奏折？
朕……朕身体不适，你们看着办吧。门在那儿，出去！

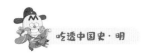

朱由校生病的时候，一个名叫霍维华的大臣进献了一种名为灵露饮的饮料，朱由校喝了以后感觉不错，于是每天都喝，最终导致卧床不起。

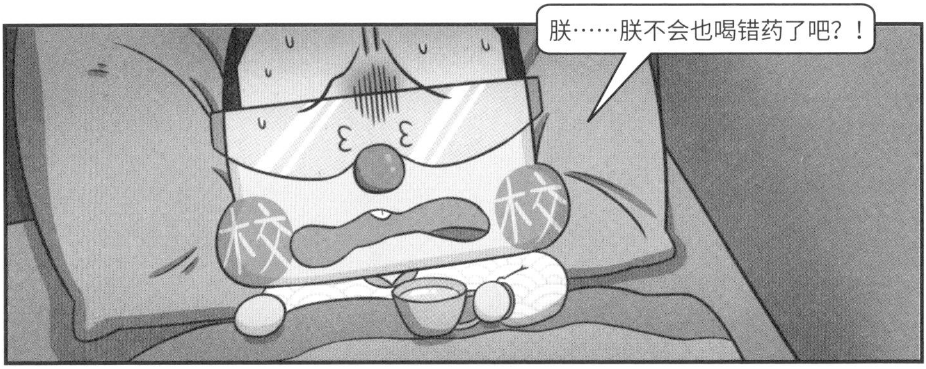
朕……朕不会也喝错药了吧？！
校
校

天启七年（1627 年），朱由校感觉自己时日无多了，于是就将同父异母的五弟信王朱由检叫了过来，打算传位给他。

来，我的好弟弟，你以后要做一个像尧帝、舜帝那样的好皇帝啊！
校
校
检
检

几天后，朱由校在乾清宫驾崩，时年十六岁的信王朱由检即位，年号崇祯。

崇祯帝
首先，我要除掉一些早就想除掉的人！
朱由检
检
检

大明趣事小谈

天启大爆炸

据《天变邸抄》记载，天启六年五月初六日巳时（1626 年 5 月 30 日上午 9 时），北京城西发生了一场离奇的大爆炸。据说当时有一颗特大火球在空中滚动，巨响过后有一朵巨大的黑色蘑菇云升起。爆炸发生时，有的人瞬间灰飞烟灭，有的人身上的衣服全都被震飞。爆炸过后无数残肢断臂和砖瓦从天而降，上万人的衣服全都被刮到了几十里外的山上，皇帝朱由校因为躲在桌子下而幸免于难。这次爆炸共造成约两万余人死伤，原因不明、现象奇特、灾祸巨大。

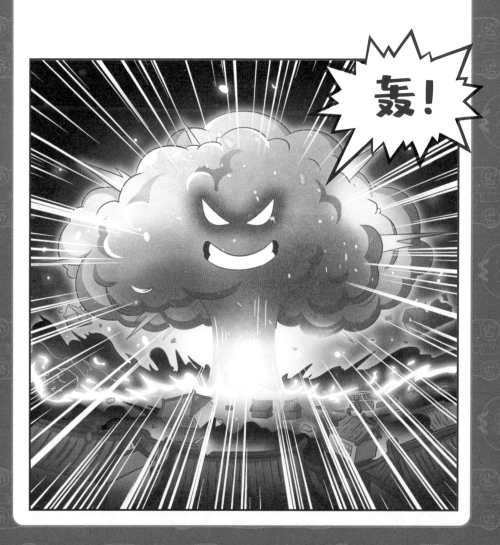

朱由检

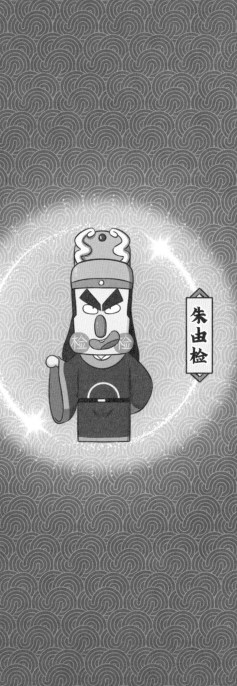

第十八章　山河日暮

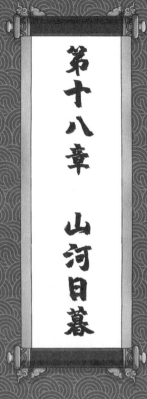

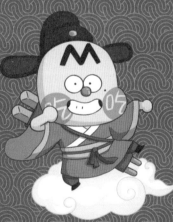

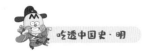

朱由校在皇帝岗位上当了七年的木匠，国家内忧外患不说，还有个祸国殃民的太监魏忠贤把持朝政，大明帝国岌岌可危。

朱由校驾崩以后，即位的朱由检定年号崇祯，面对满目疮痍的帝国，他深知自己有着拯救江山的责任，但是刚即位的他在朝廷势单力薄，很害怕以魏忠贤为首的阉党干掉他。

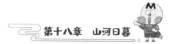

朱由检虽然恨透了魏忠贤，但是却没有表现出来，反而时常称赞魏忠贤。

魏公公护国爱民，朕要多向你学习啊！
早晚收拾你！
皇上您抬举奴婢了！
看来这个新皇帝也很好操控啊！

朱由检一边大肆赏赐魏忠贤，另一边悄悄铲除阉党的主要成员。一段时间后，朱由检利用大臣控告魏忠贤罪名的时机，赶走了魏忠贤。

皇上，我给您说说魏忠贤的罪名！
哎呀，大晚上的皇上都累啦，奴婢最近生病了，请皇上准许奴婢告老还乡！
魏公公真是一点就通，那朕就勉为其难答应你吧！

魏忠贤离开北京的时候，随行带着几十车金银财宝和几百个随从，朱由检知道这件事以后大怒，随后派锦衣卫去逮捕魏忠贤。魏忠贤知道自己死定了，于是就在路过阜城的时候自尽了。

我被朱由检的笑脸给骗啦！这次逃不掉了，那就一了百了吧！

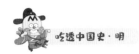

魏忠贤死后，朱由检处置了二百多名阉党核心成员，又起用了被魏忠贤诬陷的忠臣。祸国殃民的阉党彻底垮台，朱由检开始全身心投入到拯救大明的事业中。

皇上，您已经连续工作十几个时辰啦，还是歇一歇吧！
不歇！月亮不睡朕不睡！
检 检

朱由检又把已经辞官回乡的袁崇焕叫了回来，让他负责平定辽东的后金敌军。

皇上放心，五年！只要五年时间，臣就能把辽东的皇太极活捉！
袁崇焕
袁袁，朕信你啦！有什么要求尽管提！
检 检

朱由检提拔袁崇焕为兵部尚书兼几个省的督师[1]，并且赐给他尚方宝剑。

你要的兵、粮、钱、官还有尚方宝剑都给你，朕就等着五年后你把皇太极捉过来啦！
尚方宝剑
捉皇太极的事我就是吹个牛，皇上居然信了……
检 检

①督师：负责军务的最高级别文臣。——编者注

袁崇焕来到辽东以后，积极整顿防务，给士兵涨工资，辽东军营里一派欣欣向荣的景象。

袁督师好阔气啊！
他是皇上最信任的人，能不阔气吗？

大明在辽东附近的海域上有一座皮岛，皮岛总兵毛文龙经常带兵到皇太极的地盘搞偷袭，抢劫一番后就乘船回到皮岛，这种偷袭让没有水军的皇太极毫无办法。

皇太极
有种你上岸和我打！
我就不去！有种你飞过来呀！气死你！
毛文龙

毛文龙和他的皮岛士兵对后金有着很大的牵制作用，但是他和袁崇焕关系不太好，谁都不服谁，结果袁崇焕仗着有皇帝的信任，未经请示就来到皮岛杀了毛文龙。

大家都是朝廷命官！我凭什么听你的？
看见这把尚方宝剑了吗？你不听我的话，就是不听皇上的话！该死！

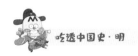

袁崇焕擅自处死毛文龙，令朝廷大臣十分不满，好多官员向朱由检告袁崇焕的状，朱由检全都没有理睬，但是心里却对袁崇焕起了疑心。

袁崇焕私自杀掉毛文龙，太嚣张啦！
袁崇焕杀毛文龙很可能是和皇太极勾结了！
朕……信任袁袁，你们都给朕闭嘴！
检
检

他们说的不会是真的吧！
检
检

毛文龙死后，没有了后顾之忧的皇太极率十万大军进攻大明，这次他没有攻打袁崇焕驻守的城池，而是绕过袁崇焕冲向了终极目标：北京。

打不过你，我就绕道去打你的老大朱由检！

老皇你不讲武德！

得知皇太极要打北京，袁崇焕吓得赶紧带人去追。拼命追上以后，双方在北京城门口打了一个月，最终皇太极撤军，史称“己巳之变”。

我就是吓吓你，你还真玩命啊！
不和你玩命，我老大朱由检就得要我的命！

虽然袁崇焕拼命赶走了皇太极，但是朝廷内的大臣诬告他暗通后金，本就怀疑袁崇焕的朱由检心理防线崩塌了。崇祯三年（1630 年），朱由检处死了袁崇焕。

皇上，难道你不信任袁袁我了吗？
朕信你什么？让你平定后金，你竟然平到了朕的家门口？该死！

袁崇焕死后，孙承宗接替了他的位置，继续对抗皇太极的后金大军。他收复了北京周边遵化等四个城池，消除了皇太极对北京的威胁，但大明也因此消耗了大量的军费。

皇上！皇太极又来抢劫啦！我们的士兵没工资不干活，快打钱来！
孙承宗
还要钱？朕的私房钱都被你们花光啦！嘤嘤嘤！

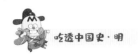

正在朱由检为了筹集军费而焦头烂额的时候，大明西北地区出现很多农民、逃兵、无业流民组成的起义军。

把朕压箱底的本钱都拿出来！朕要派兵灭了这些流寇！
皇上，您压箱底的钱好像也不够吧？

起义军虽然人数众多，但毫无战斗力，完全不是朝廷军队的对手，只能到处逃窜，或者假装投降后重新造反。崇祯八年（1635 年），起义军攻陷了朱元璋的老家凤阳，还破坏了那里的皇室陵墓，朱由检知道这件事以后差点气晕过去。

朕对不起列祖列宗啊！朕不想活啦！嘤嘤嘤！
皇上！您还是活着吧！天下这么乱，您还有工作要处理呢！

朱由检擦干眼泪重新振作，战术总结过后，他派陕西巡抚孙传庭等军事将领围剿起义大军。

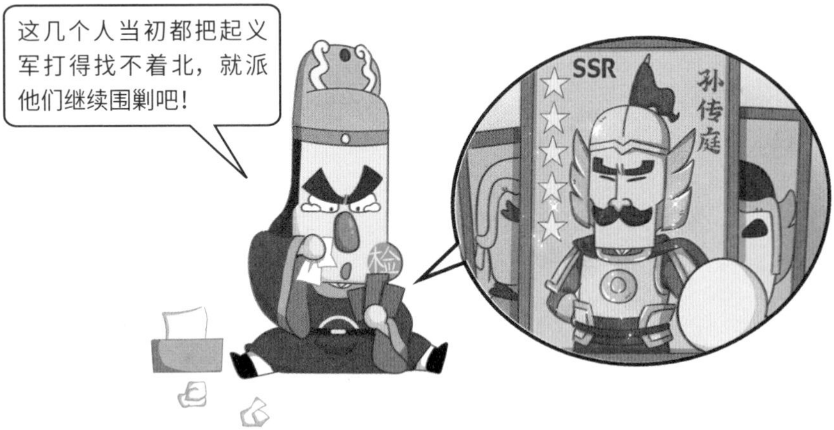
这几个人当初都把起义军打得找不着北，就派他们继续围剿吧！
SSR
孙传庭

崇祯九年（1636 年），在孙传庭的打击下，叛军盟主“闯王”高迎祥被处死，各路人马纷纷投降，只有一个头目李自成拒绝投降，带着十几个人躲到了深山里。

我和大明势不两立！宁可在山里当猴子，我也不投降！
李自成

李自成原本是银川驿站的一名快递员，后来朝廷为了省钱，关闭了全国很多驿站，优秀快递小哥李自成也因此失去了工作。

被朝廷砸了饭碗，欠别人的钱可怎么还啊！嘤嘤嘤！
欠钱

失去工作的李自成无力还债，辗转之下投奔了他的舅舅——闯王高迎祥，李自成也从逃兵变成了起义军。

大明朝廷让我失业，还不给我开工资，我要跟着舅舅你！
小李子有前途！俺封你为“闯将”，以后就跟着俺吧！
高迎祥

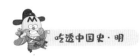

在朱由检围剿农民起义军的同时，大明北边的皇太极也一直没歇着，经常过来抢劫。崇祯九年（1636 年），他在沈阳称帝，定国号为“清”。

朕的大清开业啦！欢迎各路人才加入，我们一起奔向未来！
清

很快，皇太极带着大清骑兵征服了朝鲜国，大清的实力猛增。崇祯十三年（1640 年），清军在辽东松山一带击败了明军五万余人，生擒了蓟辽总督洪承畴，大明的辽东地区基本全部沦陷。

现在只要打下大明的门户山海关，天下就是我的啦！哈哈哈！
山海关

失去辽东的大明此时已经是一片混乱。当初被打得躲进深山里的李自成再次出现，还重新组建了起义大军，也叫自己“闯王”，好多吃不饱饭的百姓都加入了他的大军。

开城门，迎闯王！
你们都投靠我吧！我给你们好吃的！

崇祯十四年（1641 年），李自成攻陷洛阳，杀掉了万历皇帝朱翊钧的儿子福王朱常洵。一年后，他又攻破了大明重镇潼关，当初痛打他的孙传庭次年在潼关战死。

我要为舅舅报仇！你给我站住！
你倒是报个名号啊，我哪知道谁是你舅舅啊！
潼关

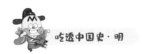

崇祯十七年（1644 年），李自成在陕西西安称帝，定国号为“大顺”。他给大明朝廷下了战书，随后一路向东杀向北京。

大顺
今天我也能自称朕啦！等着挨打吧你！
君子动口不动手，有话好好说嘛！

在李自成朝着北京冲过来的时候，朱由检没有向南逃跑，而是号令驻守山海关的将领吴三桂来保护他。

小吴啊！先别管清军啦！快来北京保护朕呀！
皇上您撑住啊，臣马上就过去！
吴三桂

这些逆臣！关键时刻全都跑啦！朕真恨不得把他们全都干掉！
吴三桂带着援军刚出发，李自成的大顺军已经攻破了居庸关，朱由检急招大臣商议对策，但是却无人过来。

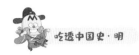

朱由检即位以来，一边闹清军，一边闹起义，大明朝廷不得不两线作战，加上连年天灾，大明王朝已经是穷途末路，朱由检再也无计可施。

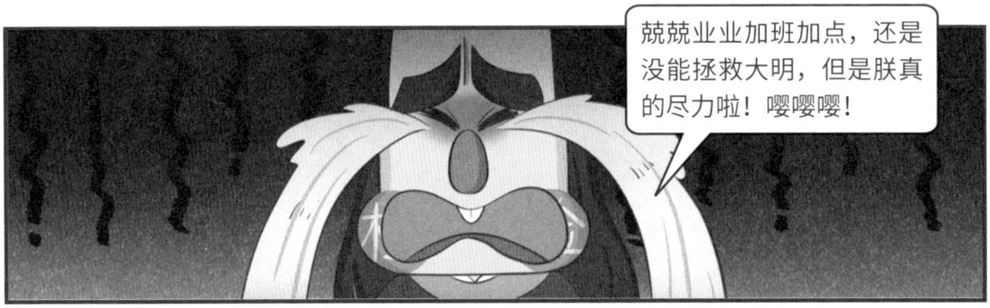
兢兢业业加班加点，还是没能拯救大明，但是朕真的尽力啦！嘤嘤嘤！

崇祯十七年三月十九日(1644 年 4 月 25 日)，就在李自成攻破北京城的时候，朱由检在太监王成恩的陪伴下，登上紫禁城后面的煤山，在一棵歪脖子树上终结了自己的生命，年仅三十三岁，这也标志着建国二百七十六年的大明王朝灭亡。

波澜壮阔的大明故事完结了，而明朝的点点滴滴却留存到今天，在我们的日常生活中也会时常出现大明的影子。

四大名著中有三部出自明朝时期；王守仁的哲学思想对亚洲各国产生了深远影响；李时珍用毕生心血完成的《本草纲目》成为世界医药学的先驱典范；宋应星的《天工开物》包罗了当时世界上先进的科学知识；徐霞客游历终生，遍访大明的名山大川，完成了地理学著作《徐霞客游记》……大明王朝虽然已湮没在历史长河中，但它二百七十六年的历史给中国的文明留下了浓墨重彩的一笔。

大明趣事小谈

王朝后记

在朱由检驾崩以后，没有来得及保护朱由检的吴三桂最终向清军统帅多尔衮投降，联合清军击败了李自成的大顺军，打开山海关放清军进来攻占了北京。大清的小皇帝，就是已经去世的皇太极的第九子顺治皇帝福临住进了紫禁城，随后把大清国的首都定在了北京。

经过祖孙三代人的努力，我爱新觉罗家族终于住进了梦寐以求的大 House！
福临福临，叫着叫着这福气就来临啦！
多尔衮
福临